对外经济贸易大学中央高校基本科研业务费专项资金资助（项目编号：15QD19）

社区体育文化活动探析

范 恺 著

北京体育大学出版社

策划编辑：郭英俊
责任编辑：侯恩毅　李志诚
责任校对：姜艳艳
版式设计：小　小

图书在版编目（CIP）数据

社区体育文化活动探析/范恺著．—北京：北京体育大学出版社，2018.9
ISBN 978-7-5644-3053-5

Ⅰ．①社… Ⅱ．①范… Ⅲ．①社区-体育文化-研究-中国②社区-体育活动-研究-中国 Ⅳ．①G812.4

中国版本图书馆 CIP 数据核字（2018）第 221013 号

社区体育文化活动探析
SHEQU TIYU WENHUA HUODONG TANXI
范　恺　著

出版发行：北京体育大学出版社
地　　址：北京市海淀区农大南路 1 号院 2 号楼 2 层办公 B-212
邮　　编：100084
网　　址：http//cbs.bsu.edu.cn
发 行 部：010-62989320
邮 购 部：北京体育大学出版社读者服务部 010-62989432
印　　刷：北京建宏印刷有限公司
开　　本：710 毫米×1000 毫米　1/16
成品尺寸：170 毫米×228 毫米
印　　张：10.5
字　　数：180 千字
版　　次：2018 年 9 月第 1 版
印　　次：2018 年 9 月第 1 次印刷
定　　价：56.00 元

前 言

社区是社会最基本的组织形式。社区作为居民生活、工作的聚集地，是人与人接触、交流最频繁的地方，人们在这里安居乐业，久而久之便产生了一些社区文化，而社区体育文化是社区文化的重要组成部分。

人们通过从事体育活动，既可以提高身体素质、促进身体的全面发育、改善生活方式和提高生活质量，又可以从中得到美的体验，树立拼搏坚强、平等互助、团结进取的精神，所以说，体育本身就是一种文化，具有强大的人文素质教育功能。随着人们生活水平的不断提高，人们对生活的理解更加全面，对生活质量的追求也更加“高档”，因此，社区体育越来越受到人们的重视。社区居民有目的、有组织地开展一些体育娱乐活动，从而使居民的业余生活得到丰富和发展。迄今为止，社区体育文化活动经历了从无序化到规则化、从单一性到多样性的发展过程，虽然有了一定规模，但仍处于散、慢、乱的状态，因此迫切需要政府予以足够的重视，制定一套全面的、系统的、有利于社区体育活动健康发展的整体规划，从而对社区体育文化活动起到宏观的指导作用。

本书从“社区”入手，对社区体育、社区体育文化、社区体育文化的价值以及社区体育文化的发展现状、社区体育文化的建设与管理等方面进行了系统的阐述和分析，力图对当今社区体育文化的现状、社区居民体育权利与居民安居权利之间的关系、社区体育文化的运行机制、社区体育文化对居民身心健康的影响及社区体育文化建设与传承等方面提出建设性的意见和建议，从而在完善与发展全民健身体系的同时，逐步建立以社区为中心、以丰富多样的社区体育文化娱乐项目为内容的多元化体育活动模式，并创造和谐良好的社区体育文化环境。

目录

目录

第一章　社区体育文化概述

第一节　社区概念与构成要素

一、社区的由来

“社区”一词源于拉丁语，意思是共同的东西和亲密的伙伴关系。而“社区（Community）”作为一个基本概念是1887年由德国社会学家腾尼斯在他出版的《社区与社会》（*Community and Society*）一书中提出来的，是指那些在前工业社会具有共同价值取向的同质人口组成的关系密切、出入相友、守望相助、富有人情味的社会关系和社会利益共同体。20世纪30年代初，费孝通先生在翻译这本书时，把英文单词“Community”翻译为“社区”，后来被许多学者沿用并流传下来。长期以来，由于许多社会学家对社区的理解和认识不同，因此对社区的定义和解释也就各式各样。据不完全统计，社会学家关于社区的定义有200多种。现在比较流行的观点主要有两种：一种强调精神层面（即注重人群共同体，要求全体成员具有共同的价值观等），如“华人社区”等；另一种强调地域特征（即具有共同的居住地，在一个区域内共同生活的人群），如“和平里社区”“新华路社区”等。但无论强调哪一方面，“社区”一词都强调人群内部成员之间的文化维系力和内部归属感。

社区研究在美国早期社会学中占有极其重要的地位。美国的芝加哥学派就是以研究都市社区而闻名于世的。20世纪20—30年代，这个学派研究了美国大城市芝加哥的都市化进程，用以说明美国城市的结构和动态。芝加哥学派的人文区位学理论就是在分析社区区位的基础上发展起来的。这个学派从不同的层次上研究了都市社区，不但以整个芝加哥市作为研究对象，而且以芝加哥市内的犹太人聚居区、波兰移民区、上层阶级邻里、贫民窟等作为研究对象。

二、社区的概念

社区是指聚居在一定地域范围内的人们所组成的社会生活共同体。社区既是社情民意的“蓄水池”，也是社会基层各种矛盾和问题比较集中的地方。它是社会的“细胞”，人们在社会生活中，要结成一定的社会关系，总离不开一定的地域条件。社会学家把“聚集在一定区域范围内的人们所组成的社区生活团体”称为社区。整个社会就是由这些大大小小的社区结合而成的。

我国的社区，绝大部分是由城镇的居民委员会改名而来的，少部分则由并入城镇的村委会改名而来，是党和政府传递、落实政策和了解社情民意的基层单位。社区在行政上接受街道办事处领导，由街道办传达县（市）级政府和各科、所的任务和指示。社区没有行政级别，社区工作人员既不属于行政编制也不是事业编制，社区工作人员的主体是社区干部，一般由 3 年一次的换届选举产生。因此，大部分社区的工作人员流动性比较大。社区的工作人员数量根据所管辖的居民多少而定，大的社区可能管辖 5 000 户，小的社区则不到 1 500 户，一般情况下，社区工作人员为 8 ~ 20 人，只设 1 名社区主任兼党支部书记，不设副职。

三、社区的构成要素

尽管世界各国对社区的解释和分类有所不同，但对社区的主要构成要素已基本达成共识。社区的基本构成要素包括以下方面。

（一）地　域

人总是在特定的地理和人文环境中与他人交往，形成人与人之间、群体与群体之间的社会关系，一定的地域条件是人类群体生活的基础，而社区是人们生活的最基本的活动单位。我们每个人都生活在一个相对固定的区域，那里有一定数量的人口，居民具有共同的区域身份、某些共同的看法、相关的利益和比较密切的交往。因此，地域包含自然地域特征和人文地域特征。自然地域特征是人类活动产生的天然的周围环境，包括社区所处的地理位置、自然环境、资源等。人们生活的地理位置决定着人们的生活方式和习惯，地域的大小决定着人们的生活状况。人文地域特征是由人类活动不断演变的社会大环境造成的，是人为因素造成的，它是社会性的，而非自然形成的，包括建筑设施、人文环境等。在生活的基本地域单位中，它是人与人之间直接或间接的人际关系状况，是交往过程中的文化活动，体现人性的精神空间。

（二）人　口

人口是社会物质生活的必要条件，是全部社会生产行为的基础和主体。社区人口是指社区内以一定的社会关系为基础聚居起来进行共同生活的人口群体，既是构成社区的首要因素，也是衡量社区规模的重要标志，又是确定社区层次的重要依据。人口数量的多少、密度的大小、素质的高低等决定着社区的发展。人口的状况包括人口的数量、人口的质量、人口的结构（年龄、性别、种族、宗教、受教育程度、职业等）、人口的分布、人口的流动状况等。人口素质已成为影响我国竞争力和走新型工业化道路的主要因素。目前，我国人口健康素质、科学文化素质和道德素质亟待提高。社区成员之间的联系纽带是共同语言、风俗和文化，由此产生共同的结合感和归属感。

（三）设　施

社区是人们参与社会生活的基本场所，人们的活动总是依赖于一定的设施进行的。所以，一定规模的社区设施是构成社区的重要因素。每一社区都有共同的活动场所和活动中心。

（1）医疗卫生设施：社区卫生服务中心（Community Health Service）。随着社会生产力的发展、医学的进步，人们对防病治病的认识逐步深化，医疗保健从个体向群体转变，开始寻求群体防治疾病的措施和方法，社区卫生服务正是适应这种需要而产生的。社区卫生服务是指在一定社区中，由卫生及有关部门向居民提供的以预防、医疗、康复和健康促进为内容的卫生保健活动的总称。社区卫生服务是一个保健系统，包括卫生保健的供应者（卫生有关部门）和卫生服务的接受者（社区人群），两者相互联系、相互影响。

（2）服务与管理设施：派出所、居委会等。

（3）体育娱乐设施：由于各地的实际情况不同，其设置的标准也不同。例如，兰州规定，每个社区应建有不低于350平方米集社区党组织、社区居民委员会和社区服务站办公、为民服务、居民活动等多功能于一体的社区综合性服务设施，每个社区统一设有“一厅四室两校一场所”（社区服务大厅、办公室、警务室、图书阅览室、文化活动室、社区党校、社区市民学校和社区居民户外活动场所）。

（四）社区文化

社区文化是社区居民在长期的共同生活中积淀而成的，是许多社区相对独立、相互区别的一个主要标志。各具特色的社区文化是社区认同感、归属感和社区凝聚力、影响力的重要基础。

（五）社区组织

作为具有多重功能的地域性生活共同体，社区是一个有组织、有秩序的社会实体。每个社区都应有相对独立的组织机构来管理社区的公共事务，调解人际关系和民间纠纷，维护社区的共同利益，保证社区生活的正常进行。

（1）社区主组织：包括社区党组织、社区成员大会或成员代表大会、社区委员会、社区协商议事委员会等。

（2）社区专组织：包括社区委员会内设保障服务、治保调解、环保卫生、文化教育、计划生育、监督协调等工作岗位，以及下设的综合治理协会、人口计划生育协会、业主委员会、社区社会保障服务站、经常性捐赠站等。

（3）协会：按照人群分类，包括老年人协会、青少年协会、妇女协会、残疾人协会、社区志愿者协会、文体爱好者协会、关心下一代协会、民营企业员工协会等。

人口和地域是构成社区的最基本要素，在此基础之上，生活服务设施、文化背景及生活方式、生活制度及管理机构是社区人群相互联系的纽带。

四、社区的基本类型

人们的生活和工作都是集中在社区里进行的。社区里的人们通过共同生活、共同劳动而相互熟悉，形成共同的社区意识。社区意识就是人们对所在社区的认同感、归属感和参与感。在小型居住社区里，人们还会形成相互帮助、相互照应的亲密情感关系。

社区有不同的类型。根据社区的生产力水平高低，其可以划分为发达社区、不发达社区；根据社区所发挥的主要社会功能，其可以划分为居住社区、商业社区、工业社区、政治社区等；根据社区的地理环境，其可以划分为平原社区、山区社区、岛屿社区等。

（一）按照经济结构、人口密度、社会组织形态等标准进行划分

1. 农村社区

社区既是社会的最简单形式，又是一种自然状态。传统的农村社区主要表现为以血缘关系为纽带而组成的家族共同体。居民从事的经济活动主要是农业生产，生活方式简单、单调，生活节奏缓慢，活动范围较小，文化活动缺乏，因此，交往面狭窄，思想上偏于保守。

农村社区人口居住分散、密度低、流动性小，人口的职业结构比较简单，人口结构的同质性强。家庭既是生产单位，也是消费单位和娱乐单位。农村社区中家庭、亲属、邻里等初级关系和初级群体非常重要。成员对本社区具有强烈的认同意识，他们重感情、重传统，彼此之间非常了解。

农村社区的社会组织形态是以血缘为纽带而形成的亲属关系，以及长期在一起生活形成的乡亲关系。其权力结构和社会组织都是建立在家族体系基础上的，甚至完全以家族体系的结构来行使社会组织的功能。

随着社会的发展、城市化进程的加快，许多乡村社区也出现了工业和商业活动，人们的生产和生活方式发生了巨大变化，城乡差别逐渐缩小，成为新型的“城市化”的乡村社区。

2. 城市社区

城市社区以非农业人口为主，主要从事第二、第三产业，是人口密度高、高度专业分工、社会流动大、异质性高的人类生活共同体。城市社区的经济活动方式以工业、商业和服务业为主，人们的居住和工作场所以及经济、政治活动相对比较集中。

城市社区一般建在交通要道、军事要塞，或地形比较平坦且有充足水源的地方。其一，城市社区呈现出人口密度大、人口结构的异质性以及社会关系表面化、匿名性、短暂性等特征。其二，城市社区是一个较为严密的社会组织体系，这个组织体系具有规模大、内部职能分工细致和权力分层复杂等特征。其三，城市社区具有多元化、异质化和现代化的特征。

此外，较大的城市社区还有不同的功能特征，社会结构复杂，如居住区、商业区、旅游区、港口区、自然保护区、科技园区等。

一个成熟的社区具有政治、经济、文化、教育、服务等多方面的功能，能够满

足社区成员的多种需求。

（二）按照空间特征进行划分

1. 法定社区

法定社区又称行政社区，是一个国家基层社会的一种组织形式或管理形式，是国家为了实施行政管理而人为划定的、有明确界限并以法律的形式规定的管理区域。

法定社区的划分也可以自然地域为参照进行确定。

我国现行城市化社区基本是按照行政区划分进行管理的法定社区。

2. 自然社区

自然社区是人们为了谋生自然形成的、非人为的、共生共存的社会地理空间，其主要特征是规模小、以家庭为核心单元、人的行为主要受习俗和传统的约束而具有很强的同质性。

3. 专能社区

专能社区是指人们从事某些专门活动而形成于一定地域空间上的聚集区，也可指在社区的多重功能中，某一功能具有主导地位所形成独有特色的社区，如城市中的经济特区、文化社区、工业社区、旅游社区等。

专能社区的划分主要以主导行业从业人数比例为标准。

4. 虚拟社区

虚拟社区是由有共同需要的社会成员（网民）组成的、依托互联网在网络空间进行互动的、具有一定的文化认同感的共同体组成的非现实社区。

虚拟社区具有新闻传播、社区通信、网络聊天、讨论、投票等功能，其成员可以自由获取所需的服务，进行个人间的人际互动。

虚拟社区具有非地域性、匿名性等人际互动特征。

（三）按照社区的层次进行划分

1. 微型社区（初级社区）

微型社区是指那些人口数量少、地域面积小的自然村或城市居民委员会辖区共同体。初级社区是指那些人口数量较少、地域面积较小的乡镇、城市街道办事处辖区共同体等。

2. 中型社区（二级社区）

中型社区（二级社区）是指人口数量、地域面积较大的中小城市。

3. 大型社区（三级社区）

大型社区（三级社区）是指人口数量、地域面积更大的大城市。

尽管社区的分法多种多样，但最基本的划分就是乡村社区和城市社区。

五、社区的结构与功能

如果说社区的要素与类型是对社区“有形的分析”，那么社区结构与功能可以说是对社区“无形的分析”。前者依据实体，具有可感性；后者则具有抽象性，必须从理性上去把握。因此，可以说前者只是对社区的浅层分析，而后者则是对社区的深层分析。

（一）社区的结构

社区的结构是指社区内各要素的内部及其相互间形成的相对稳定的关系或构成方式。社区是一个由各种要素相互作用形成的有机系统。经济要素、政治要素和文化要素是社区的重要组成部分，它们自身具有一定的结构，互相之间也形成一定的结构，从而形成不同的社区类型。我们这里讲的社区结构既包括各要素的内部结构，又包括它们之间的相互关系。

1. 社区的经济结构

经济结构包括生产力结构和生产关系结构，它是在社区生活中起主导作用的系统，制约着其他方面的发展。合理的经济结构是社区人们共同生活的物质保证。经济结构失调不仅给社区成员生活带来诸多困难，而且影响整个社区的发展。社区的经济结构主要是产业结构，即第一、第二、第三产业协调发展。我国作为发展中国家，第三产业不够发达，既影响群众生活，也影响第一、第二、第三产业协调发展。此外，社区的经济结构还有企业结构、产品结构、技术结构、职业结构以及所有制结构、交换结构、分配结构、消费结构；还有社区经济的空间分布结构、自然资源和人文资源的构成等。其中，产业结构是基础。这几年，国家从宏观出发强调调整产业结构就是这个道理。产业结构的调整必然引起企业结构、产品结构、职业结构、交换结构、消费结构等的变化。

2. 社区的人口结构

人口结构是反映一定地区、一定时点人口总体内部各种不同质的规定性的数量比例关系，又称人口构成。依据人口本身所固有的自然的、社会的、地域的特征，可以将人口结构分为人口的自然结构、人口的地域结构和人口的社会结构三大类。人口的自然结构是依据人口的生物学特征来划分的。由于人口的生物学特征是不以人的意志为转移的，具有自然性，因此称为人口的自然结构，主要指人口的性别结构和年龄结构。合理的社区年龄结构会使社区生机盎然，合理的社区性别结构会带来婚姻家庭的稳定。而非常态的年龄结构和性别结构则会带来一系列社区问题。常态社会的人口结构应呈“金字塔”型，即人口金字塔，男女人数基本相等。而非常态社会人口结构，如老年人社区就是一个倒金字塔。老年人数最多，中青年人数反而较少。社区年龄结构不同，社区服务的项目和建设项目就会有所不同。如果是老年人社区，就必须增加为老年人服务的设施，如医院、疗养院、敬老院、老年人活动中心、老年大学、老年人婚姻介绍所等。如果是一个人口结构年轻化、婴幼儿较多的社区，那么相应的妇幼保健站、幼托事业、儿童公园、小学等设施就必须增加。如果社区的性别结构失调，婚姻家庭就可能出现一些社会问题。例如，矿区、新型工业区的人口结构呈男多女少型，而军队驻地则更突出；纺织社区的人口结构呈女多男少型。在男多女少的工矿社区单身男性增多，在女多男少的纺织社区单身女性增多。联合国规定性别的合理比例是104∶100（男∶女），超过或低于这个比例都会造成社会问题。在现代城市社区，特别是大都市，大龄女青年增多；而在偏僻的农村，大龄男青年增多。这会给社区的生活带来一定的影响。因此，社区性别结构是否正常对社区建设非常重要。人口的社会结构是依据人口的社会特征划分的。人口的自然结构是自然形成的，而人口的社会结构则是社会化的结果。如果说前者是先天的，那么后者则是后天获得的，如职业结构、婚姻家庭结构、文化结构、语言结构、阶级结构、民族结构、种族结构等。职业是后天培养获得的，文化更是人们在社会生活中习得的。至于民族和种族虽有着先天的一面，但形成民族歧视、种族歧视则是后天社会化的结果。

人口的社会结构是由社会的生产方式决定的，社会生产方式的变化会引起人口社会结构的变化。人口的社会结构对人口再生产会产生重要影响。不同阶级、不同民族、不同文化教育、不同宗教信仰、不同职业的人们，其生育率、死亡率和自然增长率不同，平均寿命也表现出差异。人口的地域结构是依据人口的居住地区划分的，主要有人口的自然地理结构、人口的行政区域结构和人口的城乡结构。人口的自然地理结构与地理环境、自然资源有关。在我国西北地区，由于地势险要、环境恶劣、资源缺乏，所以人口稀少。而东南沿海地区由于交通方便、资源丰富，故人口密度大。人口的地域结构既与地理环境、自然资源有关，又与经济发展有直接关系，而经济发展归根到底与地域结构有关。合理的人口地域结构有利于开发和利用自然资源，推进社区经济的发展。中华人民共和国成立以来出现的几次大的人口流动就是力图调整人口的地域结构。今天，走中国人口城镇化的道路就是为了改变人口的城乡结构。人口的地域结构也会影响人口出生率、死亡率和平均寿命。

3. 社区的区位结构

社区的区位结构是指社区所处的地理位置以及它的各个部分在空间上的排列组合分布状况。社区的区位结构是由社区的生产经济活动和社区成员生活活动决定的，反过来又促进或阻碍这些活动的发展。合理的社区区位结构会促进生产、生活活动的发展，而不合理的社区区位结构会阻碍社区经济发展，使社区成员生活产生诸多困难。如果服务设施不健全，就会影响社区居民的生活；如果缺乏娱乐场所，就会影响社区居民的精神文化生活。社区的建设要根据人们生产、生活以及各种活动的需要，在空间位置上将社区划分为不同部分。最简单的社区也必须划分出生产区和生活区，复杂的社区还要划分出娱乐区、文化区、科技区、疗养区、生活服务区、商业区、工业区等。一般说来，农村社区区位结构比较简单，而城市社区区位结构则比较复杂。社区的区位结构可以是自然形成的区位结构，也可以是由经济活动决定的。但是如果人们有意识地划分社区的区位结构，也就是制定社区建设规划，会更有利于社区的生产和生活活动。西方一批社会学家提出了城市区位结构的同心圆模式、扇形模式、多核心模式，它既是对已有城市社区区位结构实际分析的结果，又是对城市区位结构规划的理论指导。

（二）社区的功能

根据我国社会发展状况，应重点培育和完善以下几种社区功能。

1. 管理功能

管理功能指管理生活在社区的人群的社会生活事务。为了维持社区的正常运作，社区设有各种层次的管理和服务机构。这些机构管理社区的各种事务，为社区成员提供相关服务。各级政府部门、基层管理服务组织都是社区的管理和服务机构。在我国农村，基层社区管理组织是村民委员会；在城市，基层社区管理组织是居民委员会。

2. 服务功能

服务功能指为社区居民和单位提供社会化服务。社区管理和服务机构的重要职能是为社区成员提供社区服务，如生活服务（家电维修，洗熨衣物，电视、电脑、网络管理等）、文化体育服务（组织文艺表演、举办体育活动、组织外出旅游、组织青少年校外活动等）、卫生保健服务（设置家庭病床、指导计划生育、免疫接种、打扫公共区域等）、治安调解服务（守楼护院、调解家庭和邻里纠纷、法律咨询、办理户口等）。

3. 保障功能

保障功能指救助和保护社区内的弱势群体。

4. 教育功能

教育功能指提高社区成员的文明素质和文化修养。社区是我们的家园，随着社会的进步，我们居住的社区也处在不断的变化发展之中，建设美好的家园需要大家共同参与，每个人都有机会为实现社区的发展而施展和贡献自己的才能。

5. 安全稳定功能

安全稳定功能指化解各种社会矛盾，保证居民生命财产安全。社区是基层居民自治的组织，一般归街道办事处直接领导。2015 年之前，社区的重点工作为：①计生（对口单位为计生局，负责计划生育、实住人口登记等）；②民政（对口单位为民政局，负责高龄补助、低保、残疾人救助、留守儿童、伤残退役军人等）；③卫生（对口单位为爱卫办，负责管区内无物业管理的居民区卫生等）；④劳动保障（对口单位为就业局、社保局，负责“4050”人员补助、“五七工”、新农合的办理并提供合法就业岗位等）；⑤医保（对口单位为医保局、社保局，负责办理病退、医疗救助和社区医保的缴费等）；⑥党建宣传（对口单位为组织部、宣传部，负责基层党组织建设、发展优秀居民入党、管理退休党员并积极宣传党的政策方针等）；⑦综治（对口单位为安监局、消防队、信访局，负责排查管区内居民安全隐患和安全生产隐患，有居民上访需配合信访部门摸底、了解情况等）；⑧统计（对口单位为统计局，负责摸底社区内各类统计工作，如商铺、华侨、健身场所、教育机构等）；⑨武装（对口单位为武装部，负责招募民兵预备队及每年的征兵工作等）。

第二节 社区体育基本理论

一、体育的概念

（一）体育的由来

体育一词在今天虽然被译作 physical education、sport、sports，但是却不是译自英文，而是来自日文，是直接借用日文中的“体育”一词。不过，日本在 physical education 一词的翻译上并不是一步到位译作“体育”的，而是经历了从译作“身体（之）教育”“体教”“身教”到译作“体育”的日文化过程，这一过程是在 19 世纪 70 年代完成的。

在古希腊，游戏、角力、体操等曾被列为教育内容。在 17—18 世纪，西方的教育中也加进了打猎、游泳、爬山、赛跑、跳跃等活动，只是尚无统一的名称。18 世纪末，德国的 J. C. F. 古茨穆茨曾把这些活动分类、综合，统称为“体操”。进入 19 世纪，一方面是德国形成新的体操体系，并广泛传播于欧美各国；另一方面是相继出现多种新的运动项目。在学校也逐渐开展了超出原来体操范围的更多的运动项目，建立起“体育是以身体活动为手段的教育”这一新概念。于是，在相当长的一段时间里，“体操”和“体育”两个词并存，相互混用，比较混乱，直到 20 世纪初才逐渐在世界范围内统一称为“体育”。

（二）体育在我国的演化过程

我国体育历史悠久，但“体育”却是一个外来词。“体育”最早见于 20 世纪初的清末，当时，我国有大批留学生东渡日本求学，仅 1901—1906 年，就有 13 000 多人。其中，学体育的就有许多。回国后，他们将“体育”一词引进中国。

在我国，“体育”这个词最早见于 1904 年，在湖北幼稚园开办章程中提到对幼儿进行全面教育时说：“保全身体之健旺，体育发达基地。”在 1905 年《湖南蒙养院教课说略》上也提到：“体育功夫，体操发达其表，乐歌发达其里。”

在我国，最早创办的体育团体是 1906 年上海的“沪西士商体育会”。1907 年，我国著名女革命家秋瑾在绍兴也创办了体育会。同年，清皇朝学部的奏折中也开始有“体育”这个词。辛亥革命以后，“体育”一词才逐渐运用开来。

“体育”在刚传入我国时，是指身体的教育，是一种与维持和发展身体的各种活动相关联的教育过程，与国际上理解的“体育”（physical education）基本上是一致的。随着社会的进步和体育事业的不断发展，其目的和内容都大大超出了原来“体育”的范畴，体育的概念也有了“广义”与“狭义”之分。当它用于广义时，一般是指体育运动，其中包括体育教育、竞技运动和身体锻炼三个方面；用于狭义时，一般是指体育教育。近年来，不少学者对“体育”的概念提出了一些解释，但比较一致的解释是：“体育是以身体活动为媒介，以谋求个体身心健康、全面发展为直接目的，并以培养完善的社会公民为终极目标的一种社会文化现象或教育过程。”体育的这一定义既说明了它的本质属性，又指出了它的归属范畴，同时也把自身从与其邻近或相似的社会现象中区别出来。但是，体育的概念并非是一成不变的，随着社会的发展和进步，对体育的认识也将不断发展。

二、体育的基本特征

（一）体育的自然属性

1. 活动性

体育是在锻炼身体、体育学习、体育竞技等活动中的身体活动。人体运动的生物学规律表明：体育锻炼能够有效地提高人体内脏器官的功能，并使中枢神经系统的机能得到明显改善，进而通过神经、神经反射机制改善全身机能，达到增强体质、提高抵抗力的目的。同时，其对克服人体生物惰性、促进新陈代谢都具有极为重要的作用。体育能促进全身从整体—系统器官—细胞分子统一协调地锻炼，促进低级功能对高级功能的纵向服从和横向协调，使人体各级机能得到全面提高。一方面，体育锻炼改善人的生物状况和机能，奠定适应社会的生物学基础；另一方面，上述作用能够有效地提高机体对外界环境的适应能力和对疾病的抵抗能力，能够有效弥补和纠正由于生物功能对社会功能的适应性而形成或产生的负面影响。所以，就人的两重性而言，体育运动能加强人的社会适应性与生物进化性在健康上的协调。正是因为体育运动的生物属性，才使竞技运动在众多的人类活动中扮演了重要角色，同时体现出体育运动特有的内在价值。

体育运动自诞生伊始，就寄托了人类主体对自身生物性开发的追求过程。体育运动为增强体质提供了载体，通过生物属性的改造，提高参与个体的健康素质，然后是运动能力的逐层培养。体育运动从人体这一自然客体出发，通过有目的的培育、训练，使人的身体素质、运动素质和竞技能力有本质性的改善和提高，为最大限度地创造优异运动成绩打下坚实的基础。运动素质的提高正是实现这一目标的主要途径。体育运动的运动属性主要考察体育运动对人体的影响和作用，其实质是通过体育之手段使参与主体有机体的各器官系统功能协调发展，具有完备的从事专项体育运动能力的过程。

2. 竞技性

竞争是人类的天性，在人类所有的活动中都存在竞争，它是人类生存能力之一。体育的竞争是以身体为竞赛资源、以对抗为内容、以胜利为目的的活动形式。竞技性只是竞争的表现形式，人类在竞争中培养了勇敢的作风、坚强的意志、顽强拼搏和勇往直前的精神。

体育的竞争不只是和他人竞争，也是不断超越自身，以自己运动能力的充分发挥去征服自然客体对人的限制能力限度的过程。在通往自然客体包括人自身能力的挑战和超越的道路上，它能拓展人体运动空间，从而将主体的运动能力提高到新的水平。这个过程在不同程度上存在着对人体运动能力的开发，是对人最原始自我本性的锤炼，是其他任何形式的活动所不能及的。体育运动在世界范围内的蓬勃兴起与拓展，说明了体育运动在保障人类进化、维护人类健康、提高人类生活质量方面的积极作用。

3. 娱乐性

体育是人类进化过程中创造的娱乐活动。由于现代生活节奏加快，日常生活单调而紧张，人们在工作日的生活越来越程式化，终日奔忙于工作及基本生活需求之间。人们期望在丰富多彩的体育娱乐和休闲活动中寻求一种与工作时完全不同的气氛，放松心情、消除疲劳、陶冶情操，达到使自己暂时忘却日常生活中的自我那样一种境界，即在活动中不由自主地放松精神，从而得到精神上的休息。这种效果的取得往往需要一种社会环境、一种竞争的气氛，特别是分享快乐的朋友。有时，对快乐的分享比快乐本身更重要。现代社会人们把余暇时间用来参加体育活动，增加生活乐趣成为一种新的生活时尚。由于体育诸多的娱乐功能，顾拜旦在《体育颂》中对体育的娱乐功能予以高度概括：“啊，体育，你就是乐趣！想起你，心中充满欢喜，血液循环加速，思路更加开阔，条理更加清晰。你可使忧伤的人散心解闷，你可使快乐的人生活更加甜蜜。”

当一项普通的运动或活动演变成一项真正的娱乐活动时，我们会发现其活动方式及活动规则都会发生或多或少的变化，体育的规则趋于降低难度和运动强度，更具随意性和广泛的适应性。体育运动能使参与者体验快乐，使欣赏者享受释放。体育运动为人们情感的伸展和不良思绪的排解搭建了一个尤为宽广的展示舞台，为人们提供了一个充分释放“人性”的空间，使人们某些攻击性的“内驱力”和“欲望”通过运动手段得到安全而自然的释放。正如诺贝尔奖获得者 K. 洛伦兹所说：“体育运动的最大功能就是替那些最不可或缺但又最危险的攻击类型——战斗热情，加上一个健康而且安全的阀门。”尤其在生活快节奏时期，只有像体育运动这类返璞归真、处处彰显人性的活动，才能有助于人的身心得到快乐和发展。

（二）体育的社会属性

1. 文化性

柏拉图认为，身体与精神相互影响，道德不良产生于教育不当和身体不健全，体育不仅可以使人的身体健康、体形完美、精力充沛，而且可以培养勇敢顽强的意志。

体育文化在社会群体中以其特有的表现方式服务于人类，影响着人们的生活态度，它是最有影响力的文化。体育文化不仅要反映体育器材设施、体质健康等物质层面，还要反映知识、技术、规则和制度等非物质层面，更要反映智慧与精神层面的成果。体育文化不仅要反映全民健身，还要反映竞技体育。体育文化不仅是人类的一种生存方式，是文化生活的重要组成部分，也是文明社会的显著标志，是人格个性的充分展现。人是社会生产力中最关键的因素，体育运动带给人们的是身体能力和素质的提高，在文明使人肢体趋于弱化的未来，身体能力和素质的提高就显得格外重要，因为这是一切能力的基础。

体育是人类在漫长的生活和生产过程中创造的一种独特的文化、一种生活方式，它是以身体运动来表达的社会文化现象。体育的价值映射着人的需要、人的社会行为活动。体育是人类所共同承认、拥有和普遍热爱的一种文化现象。

人类所有的文化成果中，只有身体运动才能最直接地展示人类自身的本质，寄托人类永恒的追求和理想，体育运动所展示的力与美，蕴含的荣辱与崇高、和平与发展、沟通与理解，都可以通过“身体”这一语言载体来表达与实现。体育的人文价值是体育属性和功能在满足人类对自身发展需要的过程中形成的一种抽象关系，它往往体现的是一些积极因素，潜在地引导着人的发展方向与价值观的形成。各种不同文化和文明背景下产生的体育项目已经和正在融合成为人类社会所共有的社会财富。体育给人类社会创造出的以公平竞争为道德核心，以追求和平、进步和团结为价值标准和价值体系，得到了人类社会广泛的认同。例如，以奥运会为最高层次的竞技活动，已经成为不同民族、不同国度人们的共同节日，它以特有的魅力丰富着人类社会的日常生活。当代体育正在进入和已经改变着越来越多人的生活，成为人们生活方式的一个重要组成部分。当代体育与社会经济、政治、人们的日常生活产生着越来越密切的联系，改变和影响了社会生活的许多方面。人类社会不能没有体育，人类社会也离不开体育。

2. 教育性

教育是人社会化的重要途径。体育比赛就其对抗性的本质而言，就是一种“对局”、一种“博弈”。毋庸置疑，这种博弈活动必须在博弈理论的指导下方能行之有效，充斥于运动竞赛过程中的胜与负、偶然与必然等范畴。而体育运动内容丰富、角色多变，在心理健康、拓展人际交往的空间、改善人与人之间的关系、互帮互助、团结友爱、培养自立精神、培养积极的人生态度等方面起到了提高人的社会适应能力、加速人的社会化进程的积极作用。体育运动表现出的教育属性有助于塑造良好的民族心理个性特征和弘扬优秀的民族行为方式，从而上升为民族的现代素质。这种良好的社会教化功能有效地提高了公众应对困难的能力，有利于优化民族的心理素质和人文特征。体育运动诱发人勤奋进取，以不同的技战术取胜对方，有效合理地满足人的原始驱力——攻击性的宣泄，潜移默化地铸造人们公平竞争的品格。这种公平竞争思想有利于培育文明的社会风尚，对推动社会和谐发展有着深远的意义。体育主张宣扬法制精神和道德规范，是人类社会生活规范化、法律化的预演，潜移默化地强化了中国人的现代意识，对我国社会主义精神文明建设具有强劲的示范作用。体育运动、运动竞赛不再是一种简单的运动方式，而是依靠其严格的规则性和独特的精神性而建立起的特定的文化景观。这一特性除了具有极具观赏性的外在形式美、人体美、服装美之外，还有体育行为主体所表现出的朝气蓬勃、健康向上的时代精神和生命价值。

体育活动有着统一的规则、严密的组织、轻松的氛围，使人们在自觉或不自觉中接受体育文化的教育，培养人文素质和修养。体育以一种无形的力量对处于该环境中的每个人产生潜移默化的教育作用，并将他们同化为群体中的一分子。

三、社区体育的概念

社区体育是社会体育的组成部分，是由社区居民自主进行的、简便易行、广大群众喜闻乐见的多种多样的身体锻炼活动。社区体育具有自主性、公益性、多样性、有趣性、服务性等特点。社区体育对丰富居民文化生活、提高生活质量、交流邻里感情、改善人际关系、促进社区繁荣发展等都有重要意义。

社区体育是以基层的社区为地域范围，以社区内的体育器材、设施以及自然资源为物质基础，社区居民共同参与，以满足社区居民娱乐、健身的需求，加深社区内居民之间的情感为目的，而就近开展的群众性体育活动。

社区体育主要是指成年人针对自身，以身体运动为基本手段，以获得健、美、乐为目标的一种社会文化现象。它是我国体育事业的重要组成部分，直接关系到占全国人口绝大多数的成年人的身心健康与快乐幸福的生活。成年人是一个国家或民族的中流砥柱，其身心健康、快乐幸福的生活与健康长寿，又直接关系到国家或民族的社会稳定与繁荣昌盛，因而也必然成为一个国家社会制度是否优越和民族文明程度高低的一个重要标志。因此，深入持久地开展社区体育实践，必然对我国社会主义物质文明和精神文明建设产生积极的现实作用和深远影响。

四、社区体育的要素

社区体育具有六大要素：社区体育组织、社区成员、场地设施和经费、管理员、指导者、社区体育活动。

（一）社区体育组织

社区体育组织指社区内有目的、有计划地建立起来的以满足一定体育需要的各种体育团体和机构。社区体育组织是社会体育组织在社区中的表现形式。社区体育组织是社区体育正常进行的保障。研究证明，组织要素是影响活动经常化、正常化开展的基本要素，是动员广大居民参加健身娱乐活动的重要手段之一。组织管理服务包括健身活动的组织服务、健身活动的管理服务、健身机构的设置服务以及保证健身活动正常开展的健身娱乐法规建设服务。

（二）社区成员

社区成员根据自己的需求，在体育指导者的组织和指导下参与体育活动，学习掌握体育锻炼的知识和技能，以满足自己身心发展的需要，从而构成社区体育的核心要素。

社区成员由不同的单位成员组成，对社区体育活动的意向具有一定的分散性。

（三）场地设施和经费

场地设施是构成城市社区体育健身娱乐服务的重要物质要素。在我国经济转型期的今天，社区体育的大发展，首先需要解决的是场地设施问题。它包括场地、器材的建设服务，活动开展的经费保障服务，社区和单位、企业资源共享服务，以及利用和创造良好的健身娱乐环境并提供相应的配套设施服务。同时，人们健身需求的增长、健身娱乐取向的改变、全民健身计划的实施和社区的发展，必将推动社区健身娱乐体育场地设施建设和辖区现有的体育场地的建设。要做到这一切，必须有一定的经费作保障，社区的经济发展也就决定着社区体育的发展以及场地设施的完善。

（四）管理员

管理员是为了有效地实现社区体育的目标，而对社区体育的人、财、物、信息等资源进行合理调配和组织协调的工作人员。随着健身设施的增加、健身队伍的壮大、健身活动的频繁，需要一支掌握各种专业知识和技能的管理员队伍，对各种体育设施、场馆进行管理，如场馆安全、消防和卫生情况，器材的添置、验收、登记、保管、维修保养和报废工作等。

（五）指导者

指导者指在社区体育中从事技能传授、锻炼指导和组织管理的工作人员。随着人民生活水平的提高、业余时间的增多，特别是全民健身计划的启动，人们对增进健康、增强体力、丰富精神文化生活娱乐的要求也越来越强烈。健身是一门学问，如何进行健身、如何引导居民进行健身、如何有针对性地进行健身、如何宣传社区健身娱乐文化等都需要专业的指导员。

（六）社区体育活动

社区体育活动是社区体育的出发点与归宿，是社区体育组织的直接目标。社区体育的一切功能都是通过具体的社区体育活动实现的。开展体育活动是社区体育的目标要素。

五、社区体育的分类

（一）按参与主体的群体规模大小分

（1）个人体育。

（2）家庭体育。

（3）邻里体育。

（4）微型社区体育。

（5）基层社区体育。

（二）按消费类型分

（1）福利型体育。

（2）便民、利民型体育。

（3）营利性体育。

（三）按活动时间分

（1）日常性体育活动。

（2）经常性体育活动。

（3）节假日体育活动。

（四）按组织类型分

（1）自主松散型体育。

（2）行政主导型体育。

（五）按参与人群分

（1）婴幼儿体育。

（2）学生体育。

（3）在职人员体育。

（4）离退休人员体育。

（5）特殊人群体育。

（6）流动人口体育。

（六）按活动空间分

（1）庭院体育。

（2）公园体育。

（3）广场体育。

（4）公共体育场所体育。

（5）其他场所体育（空地、广场、江河湖畔等）。

六、社区体育的特征

社区体育活动是由社区居民自主进行的、简便易行、广大群众喜闻乐见的多种多样的身体锻炼活动。它具有自主性、公益性、多样性、有趣性、服务性等特点。社区体育对丰富居民文化生活、提高生活质量、交流邻里感情、改善人际关系、促进社区繁荣发展等都有重要意义。

（一）多质性与自主性

社区体育的实践活动，是在成年人利用业余时间、自愿自觉、主动坚持的基础上展开的。由于社区所辖成年人中种族、性别、年龄、职业、生活习惯、兴趣爱好、体质健康、个人需求、业余时间以及所处的地位、社会环境等均存在差异，他们都是根据自己的情况安排活动时间，按需求找到适合自己的活动项目，在运动中得到满足和快乐，同时个性得到自主的发展。因此，社区成年人以其身体运动实现“健、美、乐”目标，主要表现为针对个人体质、健康、需求、心情、兴趣爱好及特长等具体情况选择合适的内容与形式，在允许的时间与环境条件下的自我调控。在活动中参与者没有外在压迫感和内在压抑感，既可全神贯注，又可漫不经心。

（二）区域性和余暇性

居民区域性生活的特点决定了社区体育就是在社区这个特定的辖区内进行的，以自然环境和体育设施为物质基础，以全体社区成员为主要对象，以满足社区成员的体育需求、增进社区成员的身心健康为主要目的，就地就近开展的区域性的群众体育。这是社区体育区别于社会体育的标志。它是居民利用生产、生活之余进行的一种活动，是一种休闲和放松。不同地域的社区由于资源和环境不同，社区体育开展的模式、项目等也呈现出不同的地域特点。

（三）健身性与娱乐性

社区体育以增强人民体质、增进社会健康、延长人的寿命，满足人民群众的健美、消遣、娱乐、休闲、保健、医疗、康复、社交等多方面的需要为目的。与竞技体育的竞技性和学校体育的教育性特点相比，社区体育的参与者更倾向健身和娱乐。人们为了健康或者为了心情舒畅、精神愉悦而乐在其中。有时动机单一，有时又因多重需要，完全由具体的人、具体的内容与形式、具体的特定环境条件来决定。

社区体育的主要对象是成年人，而成年人参与体育锻炼的目的，既不是为了提高运动技术水平当运动员，也不是为了促进自身的生长发育。成年人进行体育锻炼的目的，是在其生长发育基本完成、已经定型成年的基础上，为了健身健康，为了形体美、姿态美、动作美，为了身心愉悦，概括地说，就是为了“健、美、乐”。换言之，离开了上述动机与目的，成年人一般是不会参与体育的。这就决定了社区体育必须具有健美性与娱乐性特点，并以此区别于其他社区文化现象，决定其独特的社会地位。

（四）多样性与灵活性

我国社区体育的内容极其丰富，概括地说，既有诸多民族、民间的体育项目和健身、养生方法，也有现代健身健美手段。随着时代的发展、科技的进步、与世界其他文化交流的日益增多，其内容也越来越丰富。在社区的每一个角落，有人群的地方，无论是在体育场馆，还是在公园绿地，也无论是在厂矿、机关，还是街道、乡镇，人们都可以根据自己的兴趣和爱好随意选择合适的内容进行身体锻炼。社区体育的组织形式是非常灵活的，有行政部门组织的，有社会团体组织的，还有群众自发开展的。人们因人、因地、因时制宜地采用各种方法和手段，满足不同的健身娱乐需求，具有组织形式的多样性与灵活性特点。

（五）公益性与社会性

社区体育是社区服务的组成部分。社区服务作为一项公益事业，尽管有时也收取一定的费用，但它不以盈利为目的，而是以关心、爱护、尊重为出发点，是社会福利的延伸。社区服务的福利性、公益性、社会性特点决定了社区体育的福利性、公益性、社会性。

体育是在社会与人、人与社会之间多种因素复杂的交互作用的历史过程中发展的，它的产生、变化和发展都依赖于一定的社会环境系统。因此，体育既是社会的产物，又是人的本质力量的确证，好的环境对体育的发展具有积极作用，而不利的环境有时又对体育具有消极的影响，甚至阻碍体育的发展。

体育活动与其他社会实践的联系，是一种相互开放的有序交往过程。只有把体育活动放在具体的社会历史中来考察，真正把体育活动作为一种社会的、有着现实的具体内容的体育活动来看待，从社会实践出发来探讨它的目的、作用、方法，这样才能真正使体育活动的过程“活”起来。

（六）松散性与自治性

社区体育的对象极其复杂，内容极其丰富，形式不拘一格、千变万化，反映其实施过程十分复杂，难以集中统一，必然灵活分散，而社区成员中的个体则显得十分随意，其前提自然是人们的自觉性。换而言之，在社区的每一个角落，凡有人群的地方，无论是在体育场馆、公园绿地，还是在厂矿、机关、街道、乡村，只要人们具有浓烈的健身意识，就可随意选择与之相应的内容与形式进行身体锻炼。因此，随意性与自觉性也是社区体育的显著特点之一。

（七）弱竞技性与非正规性

竞技体育是指在全面发展身体，最大限度地挖掘和发挥人（个体或群体）在体力、心理、智力等方面潜力的基础上，以攀登运动技术高峰和创造优异运动成绩为主要目的的一种运动活动过程。激烈的竞争是竞技体育区别于学校体育和大众体育的本质特征。竞技体育中，需要制定规则以维护比赛的正常进行。同时，运动员的技战术训练建立在规范要求的基础之上。而社区体育对比赛项目、时间、地点、场地器材没有特殊要求，任何人都可以参与，它以强身健体为目的，没有任何功利色彩。

社区体育主要是增强体质、预防疾病，因此有很强的自主性，完全根据个人的爱好、需求选择活动的项目、活动时间，活动中根据自身情况随时调整活动的顺序、强度等，没有规则的限制。

（八）义务性与低廉性

社区体育服务是指在政府的指导和倡导下，依托街道委员会、社团等社区体育组织，动员社区各方面的力量，为满足社区成员的体育需要而开展的、具有生活公益性质的居民自助互助的服务活动，既是社区体育事业的总体，也是作为满足广大社区居民的健身、休闲、娱乐需求的一项公益性的社会事业。它是保障社区享有基本体育权利的体育服务。

七、社区体育的功能

体育公共基本服务是社会主义精神文明的核心组成部分，在构建社会主义和谐社会的过程中，体育公共基本服务显得尤为重要。

（一）身心健康功能

人类专门设计体育运动的主要目的就是通过身体运动来增强人们的体质。通过体育运动，能够促进机体的生长发育，改善和提高中枢神经系统的工作能力，提高运动系统的技能，提高人体的免疫能力，提高人体的适应能力，可以防病治病。虽然增强体质有营养、保健等多种途径和方法，体育并不是唯一的方法，但是，通过专门设计的身体运动来增强体质，并在身体运动的过程中获得特殊的身体体验，这正是体育所具有的独特的存在条件。这既是体育的本质功能，也是体育能在人类社会中长盛不衰和持续不断存在的原因。通过体育达到增强体质的目的，已经成为人类社会一种普遍的做法。这也是当今世界各国普遍重视体育运动的根本原因。

体育活动能提高身体技能、增强体力，使人们保持清醒的头脑、敏捷的思维，有利于提高人们的学习、工作、生产效率和生活质量。

体育运动能陶冶人的情操，培养人的勇敢、果断、坚毅、自信心、自制力、进取心和坚韧不拔的意志品质。紧张而激烈的竞赛对人的心理品质既是严峻的考验，也是修炼和培养良好的心理素质的时机，能有效地促进人们的健康，调节与消除各种不良情绪，促进人际交往；能增进彼此了解，建立友谊，使人们精神更美好、生活更快乐。

（二）人文功能

通过体育手段来实现增强人体质的目的，促进人自由、全面的发展，这既是体育的独特之处，也是体育区别于其他社会活动、事物对人和社会作用的根本点，并且具有不可替代的基本特征。

1．提高体育文化素质

人的身体素质既是思想道德素质和科学文化素质的物质基础，也是一个民族和国家强盛的基础。毛泽东同志在《体育之研究》一文中指出：“体育一道，配德育与智育，而德智皆寄于体。无体是无德智也。”他还指出：“体者，载知识之车而寓道德之舍也。”体育最基本的作用和本质功能恰恰是作用于一个人、一个民族人民的身体素质，对人民的健康和身体素质提高以及民族的强盛具有独特作用。提高人们的体育文化素质，有利于移风易俗，建立健康的生活方式，促进精神文明建设。

2. 加强人际交往

在体育运动过程中，能增强人与人之间的交流和交往，增加人与人之间的相互了解和相互信任，改善人际关系。竞技是体育运动的一个最显著的特征。在竞争中培养了人们的竞争意识和团结协作精神。人类社会处处都存在激烈的竞争，没有强烈的取胜欲望和良好的团结协作精神，在体育竞赛中就不可能取得胜利。体育竞赛，特别是在集体项目的竞赛过程中，要想取得胜利，既要有力争胜利的顽强竞争意识，又要懂得与队友的团结协作，这样才可能达到目的。而体育的这种“模拟社会”的功能，是体育运动所独有的。

3. 锻炼意志品质

人们在进行体育运动时，特别是在运动训练过程中，要克服许多由体育运动产生的特有的身体困难，体验到许多在正常条件下不可能获得的身体感受。这也是人们在从事其他活动过程中很难体会到的身体感受。它对一个人的内在意志品质具有特殊的培养和陶冶作用。强筋骨、强意志、调感情是体育的特殊功效，可以起到“文明其精神，野蛮其体魄”的作用。

4. 丰富人们的文化生活，提高人们的生活质量

人们通过参加和欣赏体育运动，不仅能增强体质，还能愉悦身心、丰富文化生活。世界上还没有其他任何一种活动能像体育竞赛那样有规律地举行，特别是以奥运会为最高层次的国际体育竞赛已经成为现代人们关注的焦点和欣赏的热点。各种不同形式和类型的体育竞赛，以它独有的形式和方式为人类社会生产出丰富多彩的文化精神食粮。群众体育的趣味性和娱乐性是体育才能给他们带来的特殊享受，它改变和改善着当今人们的生存和生活方式。

5. 为社会提供和构建公平、公开、公正的价值体系和评价标准

公平是人类社会所共同追求的一种理想社会状态。竞赛是体育最鲜明的特点，通过竞赛，优胜劣败，决出名次，可以激发人们的荣誉感，鼓舞人们的上进心。这是其他任何形式的社会活动和手段所不能代替的。从一定意义上说，没有竞赛，就没有体育运动。体育竞赛就是在公平的规则下，在公开场合中，通过最大限度地发挥个人和集体的体力和智力，优胜者得到奖励和人们的尊重。体育运动向人们和社会所展示的，以公平、公开、公正为核心的价值体系和价值标准得到了不同民族和国家的普遍尊重和推崇。“阳光下的公平竞争”正是现代人类社会需要重新构建的价值体系和价值标准的道德核心。

第三节　体育文化基本理论

一、体育文化的起源

自古以来，人们把文化分为东方文化和西方文化；世界文化又大致可分为四大体系，即汉文化体系、阿拉伯文化体系、伊斯兰文化体系和欧洲文化体系。这四大文化体系除欧洲文化外，其他三大文化体系都在世界的东方。由于地域等多种因素，即使是上述三大体系的文化，各地区同样也呈现出不同的文化特征，但也存在相互交叉、认同的现象。

人类对文化的研究开始于19世纪中叶。许多研究资料表明，东方文化有着极其悠久的历史和深刻丰富的内涵。黑格尔在评论世界文化发展时指出，当黄河、长江流域已经孕育精美辉煌的古代文化时，泰晤士河、密西西比河、莱茵河上的居民还在黑暗的原始森林里徘徊，这表明了东方文化有着悠久的历史。然而，在几百年的历史演变中，东方发展缓慢，甚至停滞不前。所以，在很长一段时间内东方的发展滞后于西方。

体育的历史与人类历史一样悠久，在人类文明的历史长河中，体育文化是一个逐渐发展的过程，是人类整个文化的重要组成内容。然而人类在与自然的斗争中，在很长一段时间里对体育文化的认识处在不知不觉之中。

历史资料表明，真正感受到体育文化对人类社会发展产生直接影响，还是在19世纪中叶的欧洲文艺复兴之后。特别是20世纪中叶以来，随着世界整体科学的发展，体育科技工作者得到不少新的启示。从此，许多学者更多地从体育哲学、人文社会学角度开展了广泛的研究，并逐步地由感性认识向理性认识方面发展。

早期的体育，尽管人们生活在不同的地域环境，有着不同的生活习惯，但创造的体育形态、性质和目的基本上是相同的。人类为了生存和延续，学会了跑、跳、投、攀爬等技能和生产劳动知识，并作为一种社会文化现象代代相传。随着时代的发展、科技的进步，体育文化的内涵不断丰富，逐渐形成了今天如此灿烂夺目的体育文化。

二、体育文化的产生

体育文化的产生有许多说法，但比较集中的有以下几种。

（一）劳动起源说

从总体上说，人类的文化是通过人类自己的双手和大脑的思维创造出来的。早期人类在求生存中学会了奔跑、跳跃等技能，并在追捕猎物等活动中发展了速度、耐力、力量、灵敏等各种身体素质。这个时候的体育鲜明地体现在以生存为直接目的，进行着各种能力的训练。

（二）军事起源说

这是由于个人之间为争夺狩猎得来的猎物而产生的冲突，后来发展到部落之间的武装冲突，各部落为了提高自己的力量进行了有组织的身体训练。其中，还包括摔跤、飞镖、棍棒等技能。

（三）游戏起源说

这是当原始人在获得丰富猎物后，特别是当丰收之后，他们聚集在一起以游戏欢舞的方式庆贺，也表明了体育是在跑、跳、投等劳动形态中演化出来的，并以欢唱和舞蹈表达内心的喜悦。

（四）宗教起源说

原始社会后期，由于生产力水平低下，又受到四季和环境的困扰，原始人为求助于自然恩施，祭祀天地而形成了原始宗教活动，并以体育形式进行求助祭拜。

（五）教育起源说

这是随着生产劳动的发展以及在军事、游戏中演变出来的运动技能、技巧，以劳动教育的方式传授给后代，既发展了上述各种技能和身体素质，又逐步脱离了动物野性，向人性方向进化，形成了具有文化内涵的体育生活。

三、体育文化的概念

关于体育文化的概念，国内外学者众说不一，至今还没有确切的概念。1818年，德国学者 G. A 菲特在《体育史》一书中使用 physical culture 一词，意思是沐浴、按摩等保健养生活动。还有人将身体文化解释为身体的保养。随着时代的进步，人们对身体文化的认识更趋于多元化，有人认为身体文化是身体锻炼，有人认为它是以身体健康和增强体力为目的的运动体系。1974 年，国际体育名词委员会出版的《体育运动名词》指出，“体育文化是广义文化的组成部分，它综合各种利用身体锻炼来提高人的生物学和精神潜力的范畴、规律、制度和物质设施。”

综上所述，体育文化的产生是在人类从动物野性变为人性的过程中上述因素相互综合演化的结果，是一切体育现象和体育生活中展现出来的一种特殊的文化现象，是体育运动本身所蕴含的、围绕体育运动所形成的一切物质文明与精神文明的总和。也就是说，体育文化是人们在体育生活和体育实践过程中，为谋求身心健康发展，通过竞技性、娱乐性、教育性等手段，以身体形态变化和动作技能所表现出来的具有运动属性的文化。

四、体育文化的内涵

运动文化在东欧国家使用极为普遍，它是指身体运动的文化领域，无法很明确地说明其内涵。在现代生活中，运动的重要性被人们普遍接受，且已成为现代生活方式内容之一，这种身体运动的文化领域，用运动文化来加以理解，应该是适当且重要的。

体育文化是人类本身需求的特殊反映。它是人类在体育生活和体育实践中创造出来的，并通过有形的身体形态、动作技能、运动器材、物质以及无形的与社会属性相关的意志、观念、时代精神反映出来，显现了各具特色的存在方式。

体育文化和其他文化一样反映了一个时代、一个国家或民族的特征，并规范着人们的体育行为，也影响着人们的价值观念。东方体育文化，特别是中国体育文化，在儒家文化的长期影响下形成了以追求“统一”“中和”“中庸”，重在修身养性的内向性、封闭性、圆满性为主要特色的体育文化。

体育文化是一门自然科学和社会科学相结合的综合性科学。从文化学角度看，体育文化是人类整体文化系统中的一个分支，但是体育文化又有着它特有的个性，它的产生和发展有着自身的变化规律，因此它又有独立性的一面。体育文化不同于一般的文化，它从健康身体、娱乐身心出发，与德育、智育一起成为提高人的素质不可缺少的重要组成部分。体育文化容易被大众承认和接受，丰富多彩的体育文化生活为改善和充实大众文化提供了大量的素材。例如，中华武术、气功、围棋、中国式摔跤、马球、赛马、龙舟、舞狮、健身操等，以及现在仍然在各个民族中广为流传并深受各民族喜爱的体育文化娱乐和健身活动等，都是社区体育文化中的丰富内容。这些活动的开展有利于推动社区体育的进一步发展。

五、体育文化的价值

现代体育教育和世界教育发展潮流是一致的。一百多年来，体育文化不但极大地丰富了其内容，提高了其在社会中的地位和价值，而且在促进人的“全面发展”“协调发展”“完善发展”中起到了重要作用。

（一）“奥林匹克”体育文化的价值

现代奥运会经过一百多年的发展，已经成为世界上无与伦比的最广泛的社会文化现象。现代奥运会精神文化的设计是对古代奥运会的简单继承和发展。古希腊的竞技运动受到社会各界的广泛支持和尊重。竞技场上的优胜者不仅受到橄榄桂冠、棕榈花环和塑像等奖励，更重要的是他们像英雄一样受到故乡人民的崇拜，故乡人民常为他们举行盛大庆典。

奥林匹克的格言是“更快、更高、更强”，它激励青年人奋发向上、超越自我，向着更高的目标迈进。运动员们勇于克服各种艰难险阻，付出辛勤的汗水去争取胜利的意志和品质对所有人都是一种启迪。奥林匹克精神是“相互了解、友谊、团结、公平竞争”。奥林匹克最终目的是为建立一个和平美好的世界做出贡献。

现代奥运会的五环设计比20世纪二三十年代又推进了一大步。体育文化的任务由感性深入到理性，从形体美深入到心灵美。体育文化的理性任务要求锻炼者在身体健美、均衡和体态端正的基础上达到意志品质高尚、身心尽善尽美的境地，并与艺术相结合。这种深入的心灵美是一种更高层次的体育文化的理性价值。

（二）竞技体育文化的价值

体育与人类的生存、发展紧密相连，人类创造了体育，也创造了体育文化。体育文化是一种竞技运动文化。正是人类对这一种竞技运动文化进行了改造，经济、文化才不断地获得创新与发展。然而，这些创新与发展是在众人不断的实践中完成的，并经历了与西方学者的社会变革的历史进程相对应的三个阶段，即宗教体育文化阶段、科学体育文化阶段和正在进行中的艺术体育文化阶段。

艺术体育摆脱了人类求生存的宗教体育文化和强身健体适应环境的科学化和功利性体育文化的特征之后，向着竞技与艺术相结合、形体美与心灵美相结合的形态发展。

（三）大众体育文化的价值

在人类文明的进程中，出于人类的共同需要，对人类自身生存、发展、享受的追求和关注一刻也没有停止过，正是这种大众体育文化在教育全球化的浪潮中的推动力最大，影响最广泛，也最深刻。这是因为大众体育文化给人类带来快感和美感，并给社会带来健康和活力。无论中国的大众体育，还是西方的大众体育，都是以全面发展和和谐发展为根基。

（四）中国传统体育文化的价值

中国传统体育文化有着历史悠久、博大精深的光辉篇章，也是中华民族自强不息的象征。自古以来，中国传统体育都是围绕“养生”开展的，认为人与自然的结合在于通过与自然的交换，排除身体内部的浊气、吸取真气、五脏通达、六腑调和，并认为决定健康和长寿的根本在于人体的内部而不在于外部；中国传统体育文化在体育形态上强调整体观和意念感受，动作简单而内涵深刻，很少有强烈的肌肉运动，因此缺少激进和冒险行为。随着东西方文化的交往，中国传统体育文化这种整体修炼和内在和谐之美，正在和现代科学相结合，形成新的独特风格而走向市场。

六、体育文化的特性

（一）民族性

人类文化的存在和发展不仅有共性的一面，也有极具丰富性的一面，甚至是具有很大个性的一面。这种人类文化的差异性就是民族性的表现。各个不同地域的人既创造了不同类型、不同形态的文化，又塑造了具有不同文化特征的群体。任何形式的民族文化，都与本民族的形成、延续和发展密切相关，都与本民族的地理环境、人文特点、风土人情、经济条件、生产水平息息相关。生活环境对人类产生了重大的影响。人们在生活实践中创造的文化，也都离不开这个环境的影响。因此，文化也具有特定的性质、特定的内容和特定的形态，表现出鲜明的时代性。

（二）社会性

文化的社会性，也称文化的群众性。这是因为任何文化都离不开大众，更不能离开社会。如果说人离开了文化，就不能成为真正的人，同样，社会离开了文化就会变成一个愚昧的社会。因此，人、文化和社会三者之间形成了相互关联、相互作用的复合体。社区体育文化建设不是政府或社区的单一行为，而是社会、社区、协会、俱乐部等各类组织共同配合、群众广泛参与的过程。

（三）差异性

文化的差异性既表现在一个地区、一个民族的行为习惯上，也表现在价值标准和价值观念上。例如，东方体育文化重礼节、求持中、重自身完善、求个人身心平衡的品格形式，表现了人的内在品质和言行相一致的东方色彩。而西方体育文化则表现出竞争、激进冒险的风格。西方人常把身体健美的人视为崇拜偶像，表现了人的外在行为和言行开诚布公的西方特色。

（四）继承性

继承性也可称为传统性。在养生学的发展中，东方人原先主张以静养生，后来有人主张以动养生，再后来主张动静结合。这是人们对体育文化延续和不断深化认识的过程。例如，中国传统体育文化以前注重修身养性，后来泛化为强身健体，直到今天的自娱与休闲文化。同样，中国传统体育文化中的舞龙、舞狮、气功、武术等都已经成为风靡全球的运动项目。

第二章　社区体育文化价值

第一节　社区体育文化

一、社区体育文化的概念

社区体育文化是人类一种特殊的体育行为方式，它对社区体育的和谐发展具有永恒的意义和价值。社区体育文化是社区居民在本地域内长期生活实践过程中积淀形成的富有个性特色的群体意识、价值观念、行为模式和生活方式等，是一定区域内各种体育文化现象的总和。

社区体育文化是大众体育文化的一部分，受大众体育文化的影响、制约。优良的社区体育文化具有以下特质：以面向基层、服务基层为宗旨，以提高社区居民整体素质、精神文化生活质量和社会综合文明程度为主要内容。

根据社区社会结构，社区体育文化可以分为若干子体育文化。①服务性体育文化。社区体育的主要职能是为居民提供体育服务，是在为居民提供体育服务的过程中形成的体育服务理念、体育服务道德、体育服务形式、体育服务层次、体育服务质量、体育服务监督、体育服务效益等。服务性体育文化是社区体育文化中的主体部分。②节日性体育文化。社区在节假日组织的体育娱乐活动就形成了节日性体育文化。特别是在传统节日组织具有传统特色的体育项目，起到了娱乐和传承传统文化的作用。节日性体育文化的内容、形式具有相对稳定性，所以，节日性体育文化是社区体育文化的传统性、常规性体育文化。③家庭性体育文化。家庭是社会的细胞，是运动者生存之所在和文化养成的根系，脱离中国家庭背景的社区体育文化建设是难以产生持久而深刻的影响力的。所以，社区体育文化建设也要以家庭性体育文化建设为背景和依托。家庭性体育文化是社区居民的单元体育文化。

二、社区体育文化的特点

（一）区域性

社区是一个相对独立的地域性社会。社区体育文化是在这个特定的区域内产生和发展起来的，是社会文化的重要组成部分，具有社会文化的共性，能够反映一定的社会经济和政治。同时，由于受地理环境、人员结构、社区组织、风俗习惯和传统精神等因素的制约，不可避免地会打上该地区的烙印，形成鲜明的区域性。当人们开始相对固定地在共同地域从事社会生活，人和人之间就必然发生一定的社会关联，逐渐形成某种共同的生活方式、习俗与风尚、语言与思维方式、价值观等。社区形成的历史越悠久，体育文化的积累也越丰富，地域性的特色就越突出。我国不同区域都呈现出特色鲜明的体育文化特征。

（二）融合性

社区人员结构复杂，居民因职业、经济收入、受教育水平、宗教信仰、价值取向的不同，体育文化兴趣也各不相同。但社区体育文化能以海纳百川的博大胸襟接纳和融会各种不同的体育文化形态。不论是本土体育文化，还是外来体育文化；不论是传统体育文化，还是现代体育文化；不论是高雅体育文化，还是通俗体育文化，都能在社区体育内找到立足之地，彼此都能和谐地融合在一起。

（三）共享性

社区体育文化是全体社区居民在生活实践中共同创造的，因此，社区居民不仅是社区体育文化活动的参与者、创造者，也是社区体育文化活动成果的维护者、受益者。社区居民理所当然应该共享社区体育文化。社区居民在文化活动中既能强身健体、娱乐身心，也能增强人们之间的沟通、了解、彼此信任，创造良好的社区氛围。社区体育文化的共享性越多，居民之间的互助机会也就越多，也就更有利于增强社区的凝聚力，社区居民的归属感也就越强。

（四）传染性

社区体育文化是一种群体文化，同企业文化、校园文化一样，都是由其群体内在价值观念、群体精神、信仰、道德、习惯、规范等要素构成，它一经形成即被群体成员所认同。社区组织的宣传、引导，也使居民在潜移默化中受到教育，对居民的思想及行为产生深刻影响，逐渐在社区内形成良好的社区风气和氛围。

（五）多样性

社区体育文化虽然共性很多，但不同特质人群都有其特有的体育文化形式，这无论在体育文化的服务对象、类型、设施方面，还是在体育文化的形态、体制和运作方式上都有体现。社区体育文化不仅将娱乐知识、审美作用融为一体，还允许社区居民根据自己的意愿选择体育文化生活的形式和内容。从未来发展的趋势来看，社区越向前发展，社区体育文化的多样性就越明显、越成熟。

三、社区体育文化的内容

社区体育文化是社区居民在社区生活中创造和拥有的物质财富和精神财富，是以居民为主体、以体育文化活动为主要内容、以社区为空间开展的群体活动。社区体育文化主要表现在物质文化、精神文化、制度文化、行为文化四个方面。

（一）物质文化

物质文化是社区文化现象最直观的外在表现，主要包括社区的体育设施、建筑、景观、人工环境、生产与生活用品中渗透进的体育文化因素，如富有特色的建筑、富有文化品位和生活气息的公园等。社区体育场馆、体育设施和器材是社区体育文化开展的基础和物质保障。这些设施包括体育场馆（如篮球场、足球场、羽毛球馆、乒乓球馆等）、体育器械（如篮球、排球、足球、健身器材等）、体育比赛器械（如秒表、皮尺、比赛服装等）。

（二）精神文化

精神文化是指价值观念、道德规范、心理素质、精神面貌、行为准则、经营哲学、审美观念等。精神文化是物质文化的核心载体，是在物质文化基础上衍生出的独具特征的人类共有的意识形态和文化观念集合，包括文化精神、文化道德价值观念、文化理想、行为准则等，这是人类新精神观、价值观、道德观生成延续的主要途径和来源。文化是人类在从事物质文化基础生产上产生的一种人类所特有的意识形态，它是人类各种意识观念形态的集合。精神文化的优越性在于它具有人类文化基因的继承性，需要在实践中不断丰富完善。这也是人类文化精神不断推进物质文化的内在动力。在不同的领域会形成各自人类群体认同的精神文化，体现了文化的同一性和多样性。在学校区域会形成学校精神文化，在企业领域就会形成企业精神文化，在社区就会形成社区精神文化。

社区精神文化是社区成员在长期的社会生活中形成的一种共同的价值观，它代表社区基本的体育价值观，是社区体育制度文化、物质文化和行为文化的基础；是社区体育发展的精神支柱和动力源泉。它主要包括居民对体育的价值观、思维方式、审美情趣等。要使社区体育精神达成一种共识，而且深入人心，并切实转化为每个居民的行动，还需要社区组织不断有意识地积极宣传、倡导，可以通过标语、口号、歌曲、象征性符号等表达出来。社区体育精神文化是社区整体精神面貌的体现，是居民群体在长期的生活中共同形成的理念、价值体系、群体心理特征及精神价值。它构成了社区文化的核心，决定着居民的思维方式、社区的风气。社区精神是一种团队精神，具有强大的内聚力，它能够把社区所有成员都团结在这面精神的旗帜下，真正发挥鼓舞士气、凝聚力量的作用。它能使居民产生一种精神的认同感、归属感、义务感和责任感。社区精神文化具有强大的熏陶功能，会对社区居民产生潜移默化的影响，对个体的心理和精神领域产生影响，并最终形成自己丰富的精神世界。

（三）制度文化

制度文化是人类为了自身生存、社会发展的需要而主动创制出来的有组织的规范体系，是国家为贯彻体育事业发展、增进人民身心健康而明文规定的各种法律规章、公约以及社区体育的组织管理体制及风格等。制度文化作为精神文化的产物和物质文化的工具，一方面构成了人类行为的习惯和规范，另一方面也制约了或主导了精神文化与物质文化的变迁。制度文化是社区文化的载体，同时又是社区文化的制度性、规范性保障。社区体育制度文化是在体育实践中建立的体育规范，如规则、制度、条例、组织等。体育的制度规范是管理者制定的，具有强制性和排他性，引领、指导、约束着居民的行为。

（四）行为文化

行为文化是人们在日常生产生活中表现出来的特定行为方式和行为结果的积淀，这种行为方式是人们的所作所为的具体表现，体现着人们的价值观念取向，受制度的约束和导向。行为文化是文化层次理论结构要素之一。行为文化并不等同于行为，而是透过行为（如思维方式、行为习惯、人际交往、生活旨趣等）折射出人们的信仰、精神、素养、价值取向、文化品位。人的行为不但受人的本能和心理需求所驱使，还与环境的影响密切相关。行为科学的环境论学派认为："人的一切行为，都可以看作是与特定环境相联系的产物。"

生活行为文化包括物质生活行为文化和精神生活行为文化。居民的群体行为决定了所居住社区整体的精神风貌和文明程度，社区居民行为的塑造是社区文化建设的重要组成部分。社区的体育活动有社区组织的大型比赛或活动，但一般都是自发的，居民的体育行为、交际能力、合作能力在其中得到体现。在社区中绝大多数的居民能遵守法律法规，关心社区建设，形成真诚、互助的良好风气。但是也时常有不爱护公共体育设施、不遵守活动规则、活动中发生冲突等不良体育行为发生。社区要通过开发各种激励措施，使居民提高知识素质、能力素质、道德素质、勤奋素质、心理素质和身体素质。一个人的行为举止和个人的素质是紧密相连的。因此，我们每个人在生活中应做到文明礼貌。文明礼貌是交往的原则。在社会生活中，文明礼貌是人际交往的纽带。我们应时刻注意自己的行为举止，做到文明礼貌。

四、社区体育文化的功能

（一）整合功能

社区整合是指多种不同功能、不同性质的社区构成要素在不同纽带的连接下形成一个整体，各部分在整体中根据社区共同生活的需要发挥自己的功能，从而形成一个整体。社区可以通过各种丰富多彩的体育文化活动吸引社区居民参与，增加居民之间的交往与活动，从而增强社区成员的认同感和归属感，并逐渐形成共同的价值观和生活方式。其有利于建立共同意识，促进社区繁荣。通过社区体育活动，可以加强社会联系，因而，社区体育文化是促进社区整合、增强社区凝聚力的有力杠杆之一。

（二）沟通功能

社区体育文化活动是社区居民之间、各类社会组织之间相互联系、增强感情、加深了解、沟通关系的纽带。现代社会中，随着社会分工体系的不断细化、社会交往的间接化，人际关系也越来越淡化，社区体育文化的群体生活方式就十分有力地吸引社区居民的主动参与，积极创造着一种亲善、和谐的氛围，以增进他们之间的相互了解。

（三）凝聚功能

社区体育文化的凝聚功能主要体现在社区体育精神文化上。社区凝聚力主要指社区对社区成员的吸引力、成员对社区的向心力，以及社区成员之间的相互吸引力和亲和力。社区凝聚力是一种观念上的形态，包括情感、愿望、理想、价值观等，它蕴藏在每个社区成员之中，是社区精神的集中体现。社区凝聚力是社区发展和存在的必要条件，对社区潜力的发展具有重要意义。如果一个社区缺乏凝聚力，就不能很好地完成社区的各项任务，社区的建设和发展也无从谈起。

（四）心理疏导功能

心理疏导功能是指对人的各种压力和心理障碍进行疏通引导，使之畅通无阻，从而达到治疗和预防心理疾病、促进身心健康目的的治疗方法。社区体育文化活动丰富了居民的精神生活，使他们在紧张的工作之余，体验到激励的情绪和迸发的躯体运动感，感到心情愉快、精力旺盛，从而起到疏导心理的作用。科学研究证明，人在进行体育锻炼时会分泌一种能愉悦心情的物质“安多啡”，这从生物学角度证实了体育文化的心理疏导作用。

（五）健身功能

新的健康理念已经不再是免于疾病和衰弱，而是保持身体、精神和社会适应性都处于完善状态。体育活动能改善和提高人的中枢系统、心血管系统、呼吸系统、内分泌系统等的机能，提高免疫能力，延年益寿。体育文化活动还能消除不良情绪，使人精神饱满、精力充沛、充满活力，提高适应自然和社会的能力。

（六）娱乐功能

社区丰富的体育文化活动，不管是竞技性的还是休闲性的，都带有娱乐色彩，十分符合社区居民的心理需求，能使居民在活动中忘掉工作和学习中的烦恼，使其焦虑和紧张情绪得到缓解和释放并获得快乐，使居民的身心得以和谐健康地发展。

（七）人文关怀功能

人文关怀的核心是“以人为本”，强调对人的尊重、理解、关心和爱护。居民不仅是物质生活的主体，也是社区政治生活、精神生活乃至整个社会生活的主体，因而也是改善居民生活、提高居民生活品质的主体。由于社区体育参与人员的广泛性，许多社会问题会从中得到体现，在这种情况下，社区体育已经成为党和政府密切联系群众、服务群众的立足点与工作切入点，成为凝聚社区内各种社会力量和加强社会稳定不可缺少的一个环节。由于社区居民的要求不同，为满足社区多元化的需求，不仅要关心居民物质层面的需要，更要关心居民精神文化层面的需要；不仅要创造条件满足人的生存需要、享受需要，更要着力于人的自我发展、自我完善需要的满足。

第二节　社区体育文化的健康价值

一、健康概念

随着科技的进步、观念的更新，以及医学与心理学、哲学、社会学等学科的交融，医学模式也逐渐从原来的“生物医学模式”发展为“生物—心理—社会医学模式”。1989 年，世界卫生组织（WHO）对健康重新定义，即“健康不仅是没有疾病，而且包括躯体健康、心理健康、社会适应良好和道德健康”。健康是人的基本权利。健康是人生的第一财富。健康是一种心态。健康 = 情绪稳定 + 运动适量 + 饮食合理。近年，世界卫生组织又对健康的定义做了完善。新的健康概念是：人的健康分为生理健康、心理健康、道德健康和社会适应健康 4 个层次，并且后面的健康层次是以前面的健康层次为基础而发展的更高级的健康层次。

2002 年，党的十六大政府工作报告中将“健康素质”提高到社会主义文化发展的高度，明确把提高全民族健康素质确定为国家到 2020 年全面建成小康社会的奋斗目标。“健康素质”是对关于“身体素质”“心理素质”“生理素质”“体能素质”以及“心理健康”“身体健康”等众多类似概念的提炼，主要指的是人的“生理素质”“心理素质”及“社会适应素质”的综合反映，是并列于思想道德素质、科学文化素质的人的智力、体力、心理以及社会适应等多方面的综合能力的体现。

（一）生理健康层次

生理健康是健康的最基本条件，指人体的组织结构完整和生理功能正常。人体的生理功能是指以人体内部的组织结构为基础，以维持人体生命活动为目的，协调一致的复杂而高级的运动形式。生理健康是其他健康层次的基础，是自然人的健康。

（二）心理健康层次

心态决定了人生的一切，良好的心理是一切的保证。判断心理是否健康有 3 项指标。

1. 心理与环境的同一性

心理与环境的同一性指心理反映客观现实无论在形式或内容上均应同客观环境保持一致。

2. 心理与行为的整体性

心理与行为的整体性指一个人的认识、体验、情感、意识等心理活动和行为是一个完整和协调一致的统一体。

3. 人格的稳定性

人格的稳定性指一个人在长期的生活经历过程中形成的独特的个性心理特征具有相对的稳定性。

（三）道德健康层次

道德健康以生理健康和心理健康为基础，并高于生理健康和心理健康，是生理健康和心理健康的发展。健康的最高标准是“无私利人”，基本标准是“为己利他”，不健康的表现是“损人利己”和“纯粹害人”。

（四）社会适应健康层次

社会适应是指一个人在社会生活中的角色适应，包括职业角色，家庭角色及学习、娱乐中的角色转换与人际关系等方面的适应。现代社会是充满变革的时代，更新快、竞争激烈，这就要求人们有良好的适应能力。社会适应良好，不仅要具有较强的社会交往能力、工作能力和广博的文化科学知识，能够胜任个人在社会生活中的各种角色，而且能创造性地取得成就贡献社会，达到自我成就、自我实现，这是最高境界。缺乏角色意识，发生角色错位是社会适应健康不良的表现。

二、健康标准

（1）精力充沛，能从容不迫地应付日常生活的压力而不感到过分紧张，你可以从事你渴望做的一切工作。

（2）处世乐观，态度积极，乐于担责任，严于律己，宽以待人。

（3）应变能力强，能够较好地适应环境的各种变化。

（4）对于一般感冒和传染病有抵抗能力。

（5）体重标准，身体匀称，站立时身体各部位协调。

（6）眼睛明亮，反应敏捷，无炎症。

（7）头发有光泽，无头屑或较少。

（8）牙齿清洁，无龋齿、无疼痛，牙龈色正常，无出血现象。

（9）肌肉、皮肤有弹性，走路感觉轻松。

（10）善于休息，睡眠好。

1992 年，世界卫生组织在《维多利亚宣言》中提出健康的四大基石为：合理膳食、适量运动、戒烟限酒、心理平衡。

三、影响健康的因素

影响健康的因素主要有 4 个。

（一）行为和生活方式因素（对健康和寿命的影响占 60%）

生活方式是在一定环境条件下所形成的生活意识和生活行为习惯的统称。人们的生活习惯和行为受到当地的文化、民族、经济、社会、风俗、家庭和同辈等的影响。不良行为和生活方式直接或间接地给健康带来不利影响。不良生活方式和有害健康的行为已成为当今危害人们健康、导致疾病及死亡的主因。例如，糖尿病、高血压、冠心病、结肠癌、前列腺癌、乳腺癌、肥胖症、性传播疾病和艾滋病、精神性疾病、自杀等均与行为和生活方式有关。在我国，前 3 名死因是恶性肿瘤、脑血管疾病和心脏病，这些疾病的发生都与不良生活习惯和不良卫生行为密切相关。

1. 行为因素

行为是影响健康的重要因素，几乎所有影响健康因素的作用都与行为有关。例如，吸烟与肺癌、慢性阻塞性肺病、缺血性心脏病及其他心血管疾病密切相关。酗酒、吸毒、婚外性行为等不良行为也严重危害人类健康。健康相关行为是指个体或团体的与健康和疾病有关的行为，一般可分为促进健康的行为和危害健康的行为两大类。

（1）促进健康的行为是个人或群体表现出的客观上有利自身和他人健康的一组行为。它主要包括：①日常健康行为，如合理营养、平衡膳食、睡眠适量、积极锻炼、有规律作息等。②保健行为，如定期体检、预防接种等合理应用医疗保健服务。③避免有害环境行为，“环境”既指自然环境（环境污染），也指紧张的生活环境，如戒除不良嗜好，戒烟、不酗酒、不滥用药物。④求医行为，觉察自己有某种病患时寻求科学可靠的医疗帮助的行为，如主动求医、真实提供病史和症状、积极配合医疗护理、保持乐观向上的情绪。⑤尊医行为，发生在已知自己确有病患后，积极配合医生、服从治疗的行为。

（2）危害健康的行为是个人或群体在偏离个人、他人、社会的期望方向上表现的一组行为。它主要包括：①吸烟、酗酒、滥用药物（吸毒）、不洁性行为等。②不良生活习惯，如饮食过度，高脂、高糖、高盐、低纤维素饮食，偏食、挑食和过多吃零食、嗜好含致癌物的食品（烟熏火烤、长时间高温加热的食品、腌制品）、不良进食习惯（过热、过硬、过酸食品）。③不良疾病行为，如求医时瞒病行为、恐惧行为、自暴自弃行为，以及悲观绝望或求神拜佛的迷信行为。

世界卫生组织指出，人类40%的死亡原因或疾病与以下10种危险因素相关：①体重不足；②不安全性行为；③高血压；④吸烟；⑤饮酒；⑥不洁饮水；⑦缺乏公共卫生条件；⑧铁缺乏；⑨固体染料所致的室内污染；⑩高胆固醇及肥胖。

2. 生活方式

由于生活方式和不良行为导致了慢性非传染性疾病及性病、艾滋病的迅速增加。近年来，我国恶性肿瘤、脑血管病和心血管病已占总死亡原因的61%。据美国的调查结果显示，只要有效地控制行为危险因素，如不合理的饮食、体育锻炼缺乏、吸烟、酗酒和滥用药物等，就能减少40%~70%的早死、1/3的急性残疾、2/3的慢性残疾。

（二）环境因素（对健康和寿命的影响占17%）

环境因素包括自然环境与社会环境，强调人体与自然环境和社会环境的统一，强调健康、环境与人类发展问题的统一。

1. 自然环境

保持自然环境与人类的和谐，对维护、促进健康有着十分重要的意义。若破坏了人与自然的和谐，人类社会就会遭受大自然的报复。环境对人类健康影响极大，无论是自然环境还是社会环境，人类一方面要享受它的成果，另一方面要接受它带来的危害。自然界养育了人类，同时也随时产生、存在和传播着危害人类健康的各种有害物质。气候、气流、气压的突变，不仅会影响人类健康，甚至会给人类带来灾害。在社会环境中，政治制度的变革、社会经济的发展、文化教育的进步与人类的健康紧密相连。例如，经济发展的同时带来了废水、废气、噪声、废渣，对人类的健康危害极大。不良的风俗习惯、有害的意识形态，也有碍人类的健康。因此，人类要健康，就必须坚持不懈地做好改善环境、美化环境、净化环境和优化环境的工作。

2. 社会环境

社会环境包括社会制度、法律、经济、文化、教育、人口、民族、职业等。社会制度确定了与健康相关的政策、法律、法规等。生活方式是指人们长期受一定文化、民族、经济、社会、风俗、家庭影响而形成的一系列生活习惯、生活制度和生活意识。人类在漫长的发展过程中，虽然很早就认识到生活方式与健康有关，但由于危害人类生命的各种传染病一直是人类死亡的主原因，就忽视了生活方式因素对健康的影响。直到19世纪60年代以后，人们才逐步发现生活方式因素在全部死因中的比重越来越大。例如，在1976年美国年死亡人数中，50%与不良生活方式有关。可见，养成良好的生活习惯对于健康非常重要。

（三）生物学因素（对健康和寿命的影响占15%）

1. 遗传因素

据调查，目前全国出生婴儿缺陷总发生率为13.7%，其中严重智力低下者每年有200万人。遗传还与高血压、糖尿病、肿瘤等疾病的发生有关。在生物因素中，影响人类健康最重要的是遗传因素和心理因素。现代医学发现，遗传病不仅有两三千种之多，而且发病率高达20%。因此，重视遗传对健康的影响具有特殊意义。

2. 心理因素

心理因素与疾病的产生、防治有密切关系，消极心理因素能引起许多疾病，积极的心理状态是保持和增进健康的必要条件。遗传不是可改的因素，但心理因素可以修改，保持一个积极的心理状态是保持和增进健康的必要条件。医学临床实践和科学研究证明，消极情绪如焦虑、怨恨、悲伤、恐惧、愤怒等可以使人体各系统机能失调，可以导致失眠、心动过速、血压升高、食欲减退、月经失调等疾病。积极的、乐观的、向上的情绪，能经得起胜利和失败的考验。总之，心理状态是社会环境与生活环境的反映，是影响健康的重要因素。

（四）卫生医疗服务水平（对健康和寿命的影响占8%）

卫生医疗服务水平指社会卫生医疗设施和制度的完善状况。决定健康的因素十分复杂，保健服务是极为重要的因素。

世界卫生组织把卫生保健服务分为初级、二级和三级，实现初级卫生保健是当代世界各国的共同目标。其基本内容如下。

（1）健康教育。

（2）供给符合营养要求的食品。

（3）供给安全用水和基本环境卫生设施。

（4）妇幼保健和计划生育。

（5）开展预防接种。

（6）采取适用的治疗方法。

（7）提供基本药物。

在影响健康的4个因素中，行为和生活方式因素起重要作用，其次为环境因素、卫生医疗服务水平。目前全世界一年有5 000万人死去，而超过1/3的人得病可归结于行为和生活方式问题。现代生活方式的改变使疾病频谱产生变化，许多现代病、富贵病由此产生。例如，糖尿病、高血压、肿瘤等都是由行为和生活方式的改变造成的。遗传因素虽影响较小，但一旦出现遗传病则不可逆转。这4个因素彼此独立又相互依存。

四、体育锻炼对身体健康的影响

体育作为增进健康的主要手段之一，是增进居民健康最有效的途径。健康理念的转变、体育的社会服务功能的改变，也势必引起居民体育思想发生改变。

随着科技的进步、电子设备的普及，人们更倾向于宅在家里，对体育文化缺乏必要的重视，身体素质每况愈下并呈下降趋势，长此以往必将导致身体机能的减退和疾病的发生。我国国民健康现状堪忧，在生理健康素质上，我国居民身高增长幅度较小，视力不良检出率继续上升，并出现低龄化倾向，而国民体重持续增长，《2010年国民体质监测公报》显示，2010年全国有3.0亿人超重、1.2亿人肥胖，青年人、成年人与老年人的超重率分别为25%、32.1%和39.8%，肥胖率分别是12%、9.9%和13%；在运动素质上，成年人的身体素质中的握力、背力、坐位体前屈等指标平均数略低于2005年，更低于2000年，呈持续下降趋势；纵跳、闭眼单脚站立、选择反应时等指标平均数则低于2005年、高于2000年。而由于阳光体育的实施、学校体育的重视，我国青少年整体身体素质下滑趋势得到遏制。另外，在身体疾病上，我国约有2.36亿人患高血压；每年约有260万人死于心脑血管病，心脑血管病死亡率占总死亡率的34%～40%；有9 400万糖尿病患者，并且每年还在以16%的速度递增。2013年，中华人民共和国国务院新闻办公室发表的《中国的医疗卫生事业》白皮书指出，中国现有确诊慢性病患者2.6亿人，慢性病导致的死亡占中国总死亡的85%。社区组织能把居民引导到社区体育活动中来，使居民从思想上、态度上支持体育文化发展，形成一种文明、健康生活方式的浓厚文化氛围，享受体育文化带来的快乐，从而达到促进国民健康素质发展、促进社会和谐发展、提高我国文化软实力、增强综合国力的新时期国家发展目标。伴随全民健身运动的开展，社区体育政策不断加强，居民对体育运动的认识逐渐呈积极状态，他们不再沉迷于网络小说、电子游戏，在接受体育教育的同时，除了能接触有形的体育体验，还能感觉无形的体育的气息。社区组织可带领居民脱离室内、走进操场、走向大自然、切实推行阳光体育运动。在社区，需要特定的文化氛围、有特色和健康的生活气息。

人体是由循环系统、呼吸系统、神经系统、运动系统、消化系统、内分泌系统构成的有机体。各系统各司其职又密切配合，使人体正常运转。随着机体的衰老、不良卫生习惯等的影响，身体的生理机能也会受到影响。科学证明，体育锻炼能改善人体生理机能，防病治病。

（一）体育锻炼对运动系统的影响

体育锻炼改善骨的血液循环，加快新陈代谢，刺激成骨细胞的生成，使骨量和骨密度增加，而且增加骨的弹性，使其抗弯曲、抗挤压和抗扭转能力增强。科学的体育锻炼对人一生的骨量都有影响，正常人35岁左右骨量达到峰值，以后便逐渐下降，青春期体育锻炼对提高骨量峰值非常有意义。适宜的体育锻炼能促进骨形成。从事体育锻炼的群体其骨密度明显高于一般人，而且老年人进行适宜的体育锻炼，有缓解骨下降及增强骨密度的作用，加强锻炼可促进骨的良好发育。

体育锻炼可以使关节周围的肌肉力量增强、关节囊和韧带增厚，这样就提高了关节的稳定性和灵活性。体育锻炼可以加强肌肉、韧带的力量和韧性，有助于协调体育活动中的各种身体动作，对提高运动成绩、减少伤害事故和预防运动损伤有重要作用。

体育锻炼能使人的视觉、听觉、触觉、平衡觉、位置觉、运动觉等能力提高，并使各种能力全面协调发展，使人对自身的变化和外界的刺激感觉灵敏、认知准确。研究证明，在击剑运动中，经过3～4个月的科学训练，运动员肌肉运动觉的敏锐度可提高25%～40%；在体操运动中，运动员用力感的准确性与非运动员相比，可提高25%～30%；在足球运动中，健将级运动员能在身体的12个部位颠球并控制球的方向；在排球运动中，训练有素的运动员能够全面调动自身的感觉能力，使各种感觉功能协调一致，从而正确反应对方球员发出的排球在己方区域的相对空间位置，并做出准确的接球动作而不出现判断上的失误。

（二）体育锻炼对循环系统的影响

体育锻炼可改善心肌供血，使心肌收缩力量增加。体育锻炼可使心肌细胞内蛋白质合成增加、心肌纤维增粗，从而使心肌收缩力量增加，这样可使心脏的每搏输出量增加。体育锻炼可使心室容积增加。体育锻炼后由于心脏收缩力量增加，心肌每次收缩后几乎将心室内的血液全部排空，造成心室内压下降，静脉回流血量增加，心肌纤维被拉长，长时间的体育锻炼可使心室容积增大，每次心室肌收缩前心室内均有较多的血液，因此，心脏每次收缩射出的血液也较多。

体育锻炼可以增加血管壁的弹性。随着年龄的增长，机体逐渐衰老，血管壁弹性逐渐下降，并诱发高血压、脑出血等老年性疾病。老年人通过体育锻炼，可增加血管壁的弹性，预防或缓解老年性高血压症状。

高血压是最常见的心血管疾病之一，中老年人特别是妇女，患病率高达30%～40%。经常参加运动锻炼的人，其血压明显低于正常对照人群，长期参加体育锻炼的人心跳慢而有力，血压维持在较低水平。体育锻炼还可促进血液中胆固醇的转化，增加高密度脂蛋白的含量，降低血糖、血脂，有助于防止动脉粥样硬化。

（三）体育锻炼对呼吸系统的影响

体育锻炼可使肺活量增加。经常参加体育锻炼，特别是做一些伸展护胸运动，可使呼吸肌力量增强，胸廓扩大，有利于肺组织的生长发育和肺的扩张，使肺活量增加。另外，体育锻炼时，经常性的深呼吸运动也可促进肺活量的增长。大量实验证实，经常参加体育锻炼的人，肺活量值高于一般人。

体育锻炼可使肺通气、换气量增加。体育锻炼由于加强了呼吸力量，可使呼吸深度增加，以有效地增加肺的通气效率，因为在体育锻炼时如果过快地增加呼吸频率，会使气体往返于呼吸道，使真正进入肺内的气体量反而减少。应适当地增加呼吸频率，从而使运动时的肺通气量大大增加。研究表明，一般人在运动时肺通气量能增加到60升/分左右，有体育锻炼习惯的人运动时肺通气量可达100升/分以上。

体育锻炼可以提高机体利用氧的能力。一般人在进行体育活动时只能利用其氧最大摄入量的60%左右，而经过体育锻炼后可以使这种能力大幅提高，体育活动时，即使氧气的需要量增加，也能满足机体的需要，而不致使机体过分缺氧。

（四）体育锻炼对神经系统的影响

人体的一切活动都是在神经系统的支配下进行的。神经系统的功能控制可调节其他系统的活动，使人体成为一个有机整体，大脑是神经系统最高级的部位，是思维和意识活动的物质基础。一个人的体质、精力及工作或学习效率如何，完全以中枢神经活动的生理基础为转移。脑神经的生理活动需要氧气和其他营养物质的供应才能正常进行。脑的需氧量占全身需氧量的1/4，为肌肉需氧量的10～20倍，居第一位。脑对葡萄糖的需要量也是全身最多的。脑的动脉血管很丰富，在安静状态下，心脏排血液量有1/5要输送到脑部。脑组织的机能代谢很旺盛，耗氧量较多，对缺氧也很敏感。因此，大脑工作时，需要大量的氧气和葡萄糖，而氧和葡萄糖又是需要血液来输送的。

整个大脑共分成52个功能不同的区域，经常进行体育锻炼，可对大脑的相应功能区域产生重复或变换式刺激，使其形成新的兴奋区，而与脑力劳动有关的功能区域则被诱导变成抑制区，处于休息状态。因此，体育锻炼对疲劳的大脑具有使其休息、进行保护的作用，消除因脑力紧张所引起的一系列躯体潜在的病理状态。当学习疲劳的时候，体育活动是积极性休息的有效方法，因为在体育活动时，有关大脑皮层运动区域的神经细胞兴奋，可以因“负诱导”的作用加强已经疲劳的神经细胞抑制活动，使疲劳尽快消除。运动时，心跳加快，血液循环加快，静脉回心血量增多，在单位时间内流过大脑的血液增多，脑细胞就可以得到更多的氧气和养料的供给，并能更迅速地将代谢产物运出，使神经细胞恢复正常生理机能。

（五）体育锻炼对新陈代谢的影响

为了维持正常的生理机能，机体不断地从外界摄取一定量的营养物质，并把产生的代谢物排出体外，这是生命活动的基本特征。机体的各种生理活动都是以新陈代谢为基础的。新陈代谢分同化作用和异化作用。同化作用也叫作合成代谢，是指生物体把从外界环境中获取的营养物质转变成自身的组成物质，并且储存能量的变化过程。异化作用也叫作分解代谢，是指生物体能够把自身的一部分组成物质加以分解，释放出其中的能量，并且把分解的终产物排出体外的变化过程。随着年龄的增加，多数人体重会随之增加。许多人将此归结为代谢率的减缓，但通常这是因为他们减少了锻炼的次数或强度，减少了每天消耗的能量。锻炼的减少同样带来肌肉量的降低、体重的下降，从而直接导致代谢率减缓，体重增加。这一现象并非不可逆转。通过心肺运动练习来消耗热量、力量训练来保持或增加肌肉，这些都是防止因年老而增肥的最好方法。有氧运动是提升代谢最快速的快捷方式。而重量练习是最有效的建立和保存瘦肌肉的方式。每一磅肌肉每天可以提高代谢率 15 卡（1 卡 = 4.185851 焦）。排在第二位的是心肺运动。根据强度不同，心肺运动可以使新陈代谢提高 20% ~30%，并且可持续至练习结束之后的 12 小时。运动量每增加一个等级，身体就会将新陈代谢的速率提高 10%。

（六）体育锻炼对消化系统的影响

食物经消化分解成小分子物质后，透过消化管的黏膜上皮细胞，进入血液和淋巴系统，这个过程称为吸收。由于消化道的运动和消化腺的分泌，主要是受运动中枢神经和体液的调节来实现的。当肌肉运动时，在这些调节的作用下，消化系统的机能也随之产生一系列的生理变化。因而，经常从事体育运动，对消化器官的机能有着良好的作用，可使胃、肠的蠕动力增强，消化液的分泌增多，促进消化和吸收的能力，使人的食欲增加，精力旺盛，有利于促进人体生长、发育和增强体质，提高人的健康水平。

（七）体育锻炼对免疫系统的影响

免疫机能是人体的一种正常的生理机能，它可以识别外来及自身的有害物质，并将其代谢、中和或消除掉，以保护机体不受伤害。目前，国内外学者一致认为体育运动对防治老年性疾病有很好的作用，特别是长时间中等强度运动是延缓衰老行之有效的手段之一。科学实验证明，中等强度的运动可使中性白细胞趋化性和吞噬活动以及杀伤能力增强，使产生 H_2O_2 的能力提高。白细胞具有很强的吞噬和杀伤能力，能直接或间接地通过其细胞产物参与免疫反应。运动时，交感神经兴奋可使白细胞数目增加。Nieman 在研究中提出了运动强度与急性上呼吸道感染的“J”形关系，即长期中等强度锻炼可降低易感性，但超过阈值，则运动强度越大反而越易感。河野对每周坚持5日以上、每日2小时运动习惯的人群进行了免疫机能测定，并与无运动习惯的人群作对照，结果表明，具有运动习惯组人群的淋巴细胞反应性、单核细胞对酵母多糖的吞噬机能明显高于无运动习惯组人群。Soppi 等对无运动习惯人群进行连续6周的运动负荷训练，前后对比发现，经过运动训练，人体的淋巴细胞反应性显著提高。Watson 等对连续运动负荷15周的健康人进行免疫学测定的结果也表明，其淋巴细胞的反应性和 NK 细胞活性均增加，提示长期系统地进行健身锻炼可以使人体细胞免疫机能明显增强。体育运动可以增加体内相关酶的活性，能破坏产生癌的诱发因素，增加胃肠道的活动性，直接或间接地增加前列腺的分泌，减少结肠内氮、氨、胆汁酸和羧酸等致癌物质，可以防止10% ~25% 实验性肿瘤的生长。体育运动能增加 T 淋巴细胞、B 淋巴细胞和杀伤细胞的数目。

五、体育锻炼对心理健康的影响

（一）心理健康的概念

心理健康是指心理的各个方面及活动过程处于一种良好或正常的状态。心理健康的理想状态是保持性格完美、智力正常、认知正确、情感适当、意志合理、态度积极、行为恰当、适应良好的状态。

（二）心理健康的标准

心理学家将心理健康的标准描述为以下几点。

（1）具有充分的适应力。

（2）能充分地了解自己，并对自己的能力做出适当的评价。

（3）生活的目标切合实际。

（4）不脱离现实环境。

（5）能保持人格的完整与和谐。

（6）善于从经验中学习。

（7）能保持对别人良好的关系。

（8）能适度地发泄自己的情绪和控制自己的情绪。

（9）在不违背集体利益的前提下，能够有限度地发挥个性。

（10）在不违背社会规范的前提下，能够恰当地满足个人的基本需求。

（三）心理健康与生理健康的关系

心理健康和生理健康是互相联系、互相作用的。心理健康每时每刻都在影响人的生理健康。人在成长、生活和工作中常常遇到一些不尽如人意的事情或挫折，可能会导致人出现一些不良情绪，如惊恐、焦虑、抑郁、压力感、自卑感等，这些不良情绪持续作用于身体就会导致疾病的产生，如食欲减退、胃酸分泌增多、胃黏膜出现充血水肿甚至糜烂，久而久之就会导致消化道炎症、溃疡等疾病；还能使内分泌失调，出现失眠、多梦、月经失调、不孕不育、甲状腺功能紊乱、心血管疾病、糖尿病、皮炎等疾病的发生。研究证明，心理长期处于一种抑郁状态，就会使人体内激素分泌紊乱、抵抗力降低，疾病就会乘虚而入。有的人天性多疑，身体有一点儿风吹草动就怀疑自己得了什么疾病，惶惶不可终日，久而久之对什么都怀疑，有的发展成为神经官能症，最后导致真的一病不起。相反，发生了生理病变，也可使人出现消极、恐惧、紧张、抑郁、悲观、焦虑甚至绝望等消极心态，严重者甚至出现各种形式的伴发性精神障碍。这表明生理功能的异常变化会引起心理功能降低或紊乱。

研究表明，任何对精神造成刺激的因素，都有可能导致躯体出现器质性疾病或功能紊乱，即心因性疾病，如神经性心绞痛、阵发性室上性心动过速、过敏性疾病、偏头疼、皮炎等。

（四）体育锻炼对心理健康的影响

1. 改善情绪

体育文化内容丰富，适合人的生理、心理特点。通过开展形式多样的体育活动，不仅可以增强人的体质，打下健康健美的身体基础，而且能对人的思想精神产生积极良好的影响。体育文化是一种很好的调节剂，它不仅可以作为紧张学习和工作之余体力、脑力恢复的调节剂，而且可以进一步作为人们娱乐、享受、愉悦身心的调节剂，由此改善不良心境和性格，形成乐观开朗、积极向上的性格，进而学会从生活的各个方面去发现美、欣赏美、享受美，塑造出美的心灵，培养出美的情操，完善人格。体育锻炼可以作为发泄不良情绪的出口，把愤怒、焦虑、烦恼等情绪发泄出去，使心理得到平衡。

2. 培养意志品质

意志品质是一个人在遇到挫折和困难时表现出来的坚韧不拔、勇敢自强、自我控制和约束的精神。体育运动把人生过程中经常遇到的成功、失败、挫折、欢乐、惊喜和痛苦等情感融注于短短的瞬间，使人们一次次去经受各种意志的考验、心理的冲击，体验到成功的欢乐和失败的痛苦。在这个过程中，人们懂得了如何去克服惰性、战胜自己，如何去为理想拼搏进取。这种进取精神激励人们在学习和生活中遇到挫折时百折不挠、顽强拼搏、不忘初心、追逐梦想，帮助人们树立崇高的生活目标，培养坚强的意志品质，提高对险恶环境的适应能力。

经常参加体育锻炼和竞赛，就必然受上述思想精神的熏陶，而具有“运动员性格”正是现代人所必需的不怕困难、坚强意志和勇于创新的时代精神的体现。这是其他方式所不可替代的独特功能。

3. 提升个人素质

毛泽东同志在《体育之研究》中精辟地阐述了体育的这种精神：“体育之道，配德育与智育，而德育皆寄于体，无体是无德智也……体者，载知识之车而寓道德之舍也。”现代奥林匹克运动创始人皮埃尔·德·顾拜旦也指出：“要培养坚强个性，只有通过运动磨炼身体，以此来发展和增强思想的能力，并塑造出完善的独特个性。”可见，体育运动是将体格锻炼与人格磨炼有机地融合为一体的教育。体育文化重视培养公民的人文素质已成为全球性公民教育的共识。人文素质，即做人应具备的基本素质，如人的性格、气质、修养、人格等，它是处理人与人、人与自然、人与社会的关系的重要理念基础，是保证一个人能站在超越人类自身的更高境界看待自然和社会的精神支撑。

六、体育锻炼对社会适应性的影响

（一）社会适应性

社会适应性是指个体为适应社会环境而改变自己行为习惯或态度的过程，是人与社会环境之间和谐协调、相宜相适的状态。社会适应性不仅是个体心理健康的重要体现，更是个体在社会上生存发展所必备的素质。

当人来到新环境时往往会出现对新的生活方式、生活环境、人际关系的不适应，但有的人能很快适应环境，接受现实社会生活方式，有的人则需要较长时间才能适应。社会适应能力的高低，从某种意义上来说，表明一个人的成熟度，具有良好的社会适应性有利于个体更好地工作、生活。社会是一个复杂的环境，凭借个人的力量是难以改变的，所以为了更好地生存下去，我们就要学会适应所生存的环境。

现代社会发展迅猛，工业化、现代化、社会化、一体化程度在不断提高；人们的生活节奏不断加快，人越来越为效益所驱使；自主的、创造性的劳动和高级的智力劳动越来越多；人们的活动范围在不断拓展，人与人的交往越来越多、越来越复杂，竞争越来越激烈，人与人之间的收入、社会地位等差异越来越显著。在正常情况下，人体维持着生理、心理的平衡状态，人能依照社会生活的需要适应环境和改造环境。因此，正常人的行为应符合社会的规则、规范自己的行为，是适应性行为。如果由于器质或功能的缺陷使得个体能力受损，不能按照社会认可的方式行事，致使其行为后果对本人或社会不适应的时候，则认为此人有心理异常。

（二）社会适应性标准

社会适应性标准有两层含义。

（1）以人的心理和行为是否严重违背一定社会公认的道德规范和行为准则为标准。如果一个人的心理活动和行为表现与一定社会公认的道德规范和行为准则相比较，显得过于离奇，不相适应，不为常人所理解、所接受，对其本人的身心健康和社会生活都会产生不良影响，那么这个人的心理和行为就被认为是异常的、不健康的。例如，一个成年人在众人面前赤身裸体、欣喜若狂，其心理和行为与其年龄、身份和社会规范明显不符，不能为社会所理解、所接受，对其本人和社会都有害，而其本人却不以为然，完全没有羞耻感，这就是心理异常的表现。

（2）以某个人一贯的心理活动和行为表现为依据。例如，一个人一向乐观开朗、活泼好动，然而一个时期以来逐渐变得郁郁寡欢、沉默少语，甚至绝望轻生；或者相反，一向沉默寡言、喜静不喜动的人，突然一反常态，变得十分活跃，表现欲望十分强烈，夸夸其谈，口若悬河，自我感觉良好，如此等等都表明这个人的心理和行为发生了异常的变化，形成了病态心理。

（三）体育锻炼对社会适应性的影响

1. 提升人际交往能力

人的心理适应能力最主要是对人际关系的适应。人际关系是影响一个人的心理是否健康的重要因素之一。一个人的成长、发展过程中离不开与各种人的交往，从交往中可以获得信息、机遇等，良好的人际交往可以使我们获得幸福感。体育以其巨大的号召力，将千千万万的人吸引到参与者的行列之中，使他们贴近生活，深入生活，体验生活，从而创造出一个良好的沟通平台。体育活动具有集体性和竞争性，在体育活动中人与人的交往频繁，人的角色不断变化，人际交往更广、更复杂，人们在这种交往中，能力、修养均得到提高。

2. 提升自我调控能力

自我意识是个体自己的看法和态度，包括对自己的存在以及自己对周围人或物的关系的意识。自我是知、情、意的协调统一在每个人身上独特的结合和表现，是人的意识发展的高级阶段。自我意识的健康发展离不开成功的自我调控。其过程实质是个人和社会发展趋于和谐的过程。人在生活中难免会遇到各种不如意的事情，产生不良情绪，理性的态度会导致合理的态度和情绪，不理性的态度会导致不良情绪和行为的发生。通过参加一些感兴趣的体育活动，如健美操、拳击、慢跑、游泳、太极拳、足球等，可使不良情绪得到发泄，迅速缓解抑郁情绪，避免不良情绪加重，并获得愉快感。而动还是不动，是由调控能力来决定的。自我调整在很大程度上可以不断地提高自己在遇到问题或者苦难时的解决能力，逐渐完善自己的处事方式，建立起比较优秀的人格，这也是提高社会适应能力的过程。

3. 提升合作意识

合作意识是指个体对共同行动及其行为规则的认知与情感，是合作行为产生的一个基本前提和重要基础，人的合作意识随人整个心理和行为活动能力的增强而逐渐发展，但并不一定随着年龄的增长而提高。

我们处在竞争十分激烈的时代，知识的竞争、人才的竞争、能源的竞争无处不在。然而这个时代又是要求广泛合作的时代，那种“鸡犬之声相闻，老死不相往来”的时代已一去不复返了。社会化大生产要求绝大部分的工作必须通过许多合作才能完成，靠个人奋斗取得成功的时代已经基本过去了。合作和竞争并存，在竞争的基础上合作，在合作的基础上竞争，这一时代特征表象越来越明显。我们应树立竞争意识，并将竞争纳入有序的状态和友好合作的氛围中。善于合作，不仅能从工作中找到乐趣，而且也能从生活中找到乐趣。生活处处有快乐，生活时时有快乐。别人在困难、烦恼时，你帮助他，关键时刻伸出友谊之手，那么当你遇到困难时，别人也会来帮助你，从而大家都会感受到人间的无穷乐趣。以一颗快乐的心对待别人的人，通常也会得到同样的快乐，那种自我封闭、孤芳自赏、不与人交往的人是享受不到与人相处的快乐的。

合作的优越性在于个人和他人在一起工作时获得的社会效益。个体具备较强的心理动力时，就能够更加从容地应对他人或者外在环境对其施加的各种刺激和影响，有较大的接纳和承载度，而客观现实中许多集体项目需要通过合作来完成。

合作意识不是简单的说教或是讲座培养的，而是需要通过某种活动，通过人和人的交往过程，通过共同完成任务与对各种结果的经历，以及成果的分享和责任的共同承担的关系去培养。体育活动是培养人们合作意识的有效途径。合作精神在体育运动中尤其是一些集体项目的活动中体现得淋漓尽致，如篮球、排球、足球这些集体项目，团队意识使一个集体具有凝聚力。体育活动开展的过程中，每个人根据自己的能力都被赋予了合理的位置，然后大家通力合作，共同完成一个目标，这是所有成员的综合协调能力的集中体现。长期从事体育运动，能养成良好的合作精神，这也是适应社会必不可少的，社会不是由个人孤立地组成的，而是由一个个群体组成，要想在群体中很好地生存，就要具备良好的合作精神。合作是在社会竞争中必须具备的一种基本能力。

4. 提升抗压力能力

随着人们在现实生活中面临的各种竞争日趋激烈，各种挑战不断增多，生活节奏不断加快，生活压力不断增大。经常参加体育活动培养了人们克服困难、坚持不懈的优秀品质，养成了积极面对困难的良好心态，在应激状态以良好的心态去接受事实。心理学家把需要不能实现时的心理冲突称为挫折。人们在体育竞赛中或多或少经历过失败，这种失败所引发的挫折体验对人们是一种心理调适的过程，这种能力的培养非常重要，不但可以通过合理的方式释放自己所受到的压力，也可以及时改变心态，从不愉快的经历或者失败中总结经验教训，更好地提升自己。

第三节　社区体育文化的社会和经济价值

在社会生活中，人的一切活动都与社会经济密切相关，经济是基础，没有经济基础，社会领域的其他活动也都无法进行。体育经济是社会经济的衍生物，是体育价值在社会经济发展中的一种反映。体育经济是指从生产和经营的角度出发把大众的体育生活和与此相关的经济行为有机地融合在一起作为一项特殊的产业来发展。体育经济是一种消费经济，表现在通过提供体育服务产品，起到拉动市场、增加创汇、扩大就业、联动产业等作用，从而促进国家的经济增长。现代社会人们越来越重视体育运动，体育经济也成为重要的经济增长点。体育经济的效益主要包括两个方面，即社会效益和经济效益。

一、体育的社会效益

体育运动的本质是锻炼身体，但最终目的是体育为人服务，为国民经济服务，因此必须把社会效益放在首位。体育的社会效益一般是指体育活动给社会带来的好处和利益，主要表现在体育对增强人们体质，丰富人们文化生活，激励民族自尊、自强精神和民族向心力、凝聚力，建设精神文明等方面的作用。社区体育活动的社会效益主要体现在促进居民人际关系和谐发展、增加居民对社区的认同感、增强社区居民的凝聚力与向心力、提倡运动风气、奠定个人社会角色等。

（一）促进精神文明建设

社会主义精神文明建设的根本任务是适应社会主义现代化建设的需要，培养有理想、有道德、有文化、有纪律的社会主义公民，提高整个中华民族的思想道德素质和科学文化素质。把精神文明建设的根本任务落实到人的素质培养和提高上，这就把体育运动与精神文明建设紧密地联系在了一起。体育所具有的教育功能，决定了它在提高人们的思想道德素质方面有着不容忽视和替代的作用。体育运动是一种文化，体育精神是体育文化的重要内容，更是社会主义精神文明建设的重要体现。培养优秀体育精神的过程，不仅是对自我身体素质的一种提升，更是对心理素质以及自我价值的一种升华。通过各种体育竞技，我们可以感受到它的鼓舞力、征服力，在一定程度上可以成为指导或者影响我们生活方式的因素之一，这就是体育精神的魅力所在。在体育运动中不断产生的如“更快、更高、更强”的口号是社会主义精神文明建设的重要组成部分，对提升个人的道德素质、思想品质，提高社会文明程度都起着极为重要的作用。

1. 规范人的社会行为

体育运动能控制和矫正人的不良行为。比赛中每个体育项目都有严格的组织形式和竞赛规则，参加体育运动的任何人都处于平等地位，裁判公正，在同一条件下进行竞赛，要求每个参加者都必须遵守各项比赛的规则和活动要求，自觉地控制自己的行为方式，服从运动项目所要求的规则和集体活动的统一要求，违反规则就要受处分，甚至被取消比赛资格，这样，人们就能从体育实践中逐步培养人的组织性、纪律性以及自我控制、自我约束能力。体育道德是参加体育活动的人们共同遵循的行为规范，它是在体育活动中调整和制约人们之间关系的一种准则。体育运动要求人们讲体育道德、讲风尚，用自己的实际水平去战胜对手，实事求是地反映自己的水平，从而在竞争中学会做人。在社区体育活动中组织者要充分利用这一特点，按照体育运动常规和竞赛规则组织活动，这本身就是进行组织纪律教育和遵纪守法教育的过程。一切懈怠和迟缓的行为、松懈和散漫的作风、违反训练和竞赛规则的自我发泄，都是在破坏组织纪律，必须加以纠正。社区体育文化活动是利用居民在工作、学习之余组织的活动，它把居民引导到活动中来，既锻炼身体、缓解工作压力、放松心情，又使居民远离黄、赌、毒等不健康的活动，以积极、饱满的精神状态投入到建设和谐社会中去，这与和谐社会的特点“调动一切积极因素来增强和谐社会”“正确处理好人与自然的关系来保证可持续发展”不谋而合。

2. 培养顽强拼搏的精神

体育运动的一个突出特点是竞争性。这种竞争既是体力、技术、战术和智慧的角逐，又是思想、作风、意志和精神的较量。它要求运动员树立奋斗目标，并具有为实现目标顽强拼搏、勇攀高峰的意志和勇气，以及战胜对手的信心。由于体育运动具有竞赛性、对抗性和比赛结果的不确定性，它能引起广泛的社会关注，使人产生强烈的感情刺激和情绪体验。周恩来同志曾说：体育运动既是一种物质力量，又是一种精神力量。这种精神力量表现在通过体育运动能培养人们的进取精神。利用体育的教育功能，在人们特别是在青少年中间加强正确的世界观、人生观、价值观教育，加强以爱国主义、集体主义、社会主义为核心内容的思想道德教育，有着深刻而丰富的意义。体育运动也有助于培养人们勇敢顽强的性格、超越自我的品质、迎接挑战的意志，有助于培养人们的竞争意识、协作精神。体育活动丰富了人们的文化生活，展现出人们昂扬的活力。社区体育竞赛的目的，是推动群体活动的开展，鼓励他们积极参加紧张、激烈并有一定耐力要求的运动，诱导他们运用意志品质去努力完成艰巨的练习任务。利用体育运动教育人们可以把纪律教育同意志力教育结合起来，促进精神文明建设。体育的发展能提高社会成员的行为素质，规定他们的行为规范及其相应的关系。体育能够超越阶级和社会制度而被人们广泛接受并能够充当协调人们冲突行为的工具。体育所具有的凝聚力和团队精神起着一种协调作用。

体育活动是在人类主观意识作用下进行的一种社会实践活动，在体育活动或竞赛的过程中，从掌握体育的知识、技术入手，从发展身体、增强体质着眼，融入思想道德教育，潜移默化中对人们的知、情、意、行产生积极影响，从而增进其自身的思想品德修养，培养他们遵守纪律、热爱集体、吃苦耐劳、勇敢顽强、艰苦奋斗、开拓创新以及忠诚、正直、谦虚、谨慎、不达目的誓不罢休的可贵精神。

3. 增加凝聚力

团队精神和集体观念是人类社会进步和发展的基础。只有在集体中，个人才能获得全面发展。有许多体育集体项目，如篮球、排球、足球，这些运动项目要求运动员必须团结合作，才能完成技战术要求，赢得胜利。即使是单个比赛项目，也是在教练、队医等团队的共同努力和帮助下才能正常进行的。运动员是有身份的个体，代表某个集体来参加比赛，人们在体育比赛中为集体荣誉而竞争，为团队胜利而欢笑，为国家强盛而高歌。因此，通过体育比赛，人们逐渐增强了集体荣誉感，强化了集体意识和国家意识。这样，体育运动和竞赛就成了凝聚集体力量的场所、冶炼集体精神的熔炉。随着现代科技的发展和渗透，当代体育同时也是一种科学技术的较量，体育竞赛一旦扩大到世界舞台，又具有国际性。

而国际性体育竞赛的胜负又关系到一个国家的荣辱和民族的形象，并在人民的思想感情上产生巨大反响，对培养集体主义精神卓有成效。竞赛是学生特别喜欢的方式，而小组之间的比赛更有助于培养团结合作意识和竞争意识。让学生以小组为单位进行练习，强调了学生个体自由发挥的练习形式，能培养学生互相学习、团结协作的优良品质和集体主义精神。

二、体育的经济效益

体育的经济效益是指通过开展体育活动所带来的经济效益，包括直接经济效益和间接经济效益。直接经济效益是因体育活动本身而直接获得的经济收益，如体育比赛门票收入、体育场地使用费收入、体育广告费收入、体育训练用品收入、体育纪念品收入及其他体育衍生品收入等。体育活动的间接经济效益是指其他部门和行业由于体育活动及其相应的社会影响力而获得的经济效益，如体育的广告效益、旅游业收入等。群众对健身娱乐、竞技观赏和体育用品的消费需求愈来愈旺，体育产业已经成为国民经济新的增长点并大有成为支柱产业之势。

（一）提高经济总量

2009年，国务院办公厅发布了《关于加快发展体育产业的指导意见》，明确了六大任务：发展体育健身市场、开发体育竞赛和体育表演市场、积极培育体育中介市场、做大做强体育用品业、大力促进体育服务贸易、协调推进体育产业与相关产业互动发展。体育已不再是单纯的体育事业，而是向体育文化产业方向发展，形成了独立的产业，有自己的市场。体育产业包括体育健身娱乐业、竞技表演业、体育用品业等。体育经济已经成为经济发展的新的增长点。据统计，发达国家体育产业占到GDP的1%以上。在美国，体育产业是第六大支柱产业，对经济的贡献达到11%，占GDP的2%以上，体育产业提供的就业机会超过了农业、铁路、保险、电力等行业。在我国，体育增加值占GDP的0.52%，体育产出逐年增长，在经济发达省份占GDP的3%以上。随着居民生活水平的不断提高，体育消费呈现逐年上升趋势。体育作为新兴的产业蕴藏着巨大的潜力和商机，为体育事业提供了广阔的市场，在拉动我国国民经济增长方面起到了积极的作用。社区体育服务于不同年龄、不同阶层、不同职业和不同兴趣爱好的人群，人们对社区体育服务提出了更高的要求，促进了商业、饮食、文化娱乐、信息等一系列产业的发展。社区经济是第三产业中最具有发展潜力的综合性行业。国家统计局有关体育事业统计调查的结果显示，1994—1998年，城市社区体育消费增加了115%。“十二五”时期平均增长率为19.87%。从2015年国家体育产业11个大类来看，体育用品和相关产品制造业的总产出和增加值最大，分别为11 238.2亿元和2 755.5亿元，占国家体育产业总产出和增加值的比重分别为65.7%和50.2%。体育服务业（即除体育用品和相关产品制造业、体育场地设施建设外的其他9大类）总产出和增加值分别为5 713.6亿元和2 703.6亿元，占比分别为33.4%和49.2%。2008年北京举办奥运会，给我国经济带来前所未有的大发展，全国每年GDP额外增长0.3%~0.5%，社会消费品总量超15 000亿元，全面推动了我国经济和体育产业化的高速发展。现在我国体育产业已发展到一定的规模，显示出其经济方面的优势，并在引导社会消费、调整产业结构、推动国民经济发展方面显露出巨大的潜力。

2015年，国家体育产业总产出（总规模）为1.7万亿元，增加值为5 494亿元，比2014年增长26.02%，产业增加值比2014年增长35.97%，产业增加值占GDP的比重由2014年的0.64%增长至0.8%。到2016年上半年，垂钓用品、骑行运动消费额增速均超过75%。运动爱好者已将注意力从传统体育转向以徒步旅行、骑自行车、露营、攀岩以及皮划艇等为主的户外体育上。骑行运动、健身训练成为人均消费额最高的运动项目。

（二）优化和带动其他产业结构调整和发展

在经济高速发展的今天，物质需求已经远远不能满足人们日益增长的精神需求，体育运动从简单的竞技比赛发展成为今天的融竞技性、观赏性、娱乐性为一体的全民健身休闲运动。体育产业在当今社会中已经是人们生活中不可缺少的重要组成部分，同时推动了一系列的经济活动。体育消费正在逐步增加，同时也吸引了越来越多的投资者加入体育产业。而体育产业不仅拓展了第三产业的领域，在一定程度上提高了第三产业的增加值，起到了优化产业结构的作用，也带动了许多关联产业，包括第二产业中一系列相关行业，以及第三产业中许多行业的发展，促进了整个产业结构的调整。体育产业的潜在需求非常大，已经形成了相当规模的体育服务业专业市场，国内从事健身娱乐业、竞赛表演业、技术培训业的体育企业、体育产业经营性机构2万多家，总投资额已超过2 000亿元人民币，年营业额超过600亿元人民币。体育产业的产值出现了快速增长的势头，对整个国民经济总量扩张和结构改善都有一定作用。在赛事的带动下，中国体育爱好者对球星、教练、装备、服饰等方面也有较好的认识度和接受度。科比·布莱恩特的谢幕在NBA中国网络的直播播放量超3 890万，而赛事直播的观赛人数也超1 100万，是NBA在中国互联网赛事直播收视人数之最。体育产业规模不断扩大，体育消费明显增加。2014年，全国体育及相关产业总规模达到13 574.71亿元，实现增加值4 040.98亿元，占当年GDP的0.64%；2015年，实现增加值5 499亿元，占当年GDP的0.80%。体育产业结构持续优化，体育服务业比重稳步增长，体育产业体系不断健全，与文化、旅游、医疗、养老、互联网等领域的互动融合日益加深。2015年，中国互联网体育用户已达到2.9亿人，预计到2018年将达到5.2亿人。阿里巴巴、万达、腾讯等多家巨头以不同方式向体育行业渗透，发挥自身独特优势，切入体育市场。互联网体育用户规模的不断扩大反映市场需求大，主流运动项目的网站和大规模体育用品制造商将充当推动互联网体育产业发展的领头羊。作为体育产业的核心，目前国内体育赛事产业尚处于起步阶段，产值占比与欧美国家差距明显。在相关激励政策的支持下，体育赛事产业将逐步走上成熟的商业化运作道路，盈利模式将进一步丰富，产业活跃度将日益提升，体育赛事价值链中的各个环节有望迎来新的发展契机，主要包括赛事运营、体育场馆、体育俱乐部以及体育传媒等，商业化潜力巨大。

体育产业的创业项目自2013年以来每年以超200%的速度递增，发展到2015年新增项目1 389个，截至2016年3月末，体育产业类创业项目已达234个，2016年新增项目达到2 165个。

自2015年9月起，国内体育投融资交易高达80起，尤其在2016年年初融资的速度明显提升，而从细分领域看，健身、电竞、足球领域获得更多青睐，近两年共有93家体育产业企业获得天使投资。

（三）增加就业机会

国家经济是否真正有了发展，除了要看GDP能否保持持续增长外，还要看就业率的高低。同样，判断一项产业在国民经济中的地位，除了要看这项产业对GDP增长的贡献率，还要看这项产业在吸纳社会就业方面作用的大小。我国体育产业尽管还处在起步阶段，但是在体育产业发展较好的地区，这项产业在吸纳社会就业方面起到的独特作用已被政府和社会所关注。体育产业的市场化运作带动了旅游、商业、交通、电信、新闻出版、餐饮等相关服务行业的发展，给这些行业带来了更多的就业机会。统计显示，英国的体育产业为经济提供了76万个就业机会，这个数字相当于化工工业和人造纤维工业的就业人数，超过了煤炭、农业、汽车制造业的就业人数。1988年的汉城奥运会为服务业提供了16万个工作岗位，为制造业提供了5万个工作岗位，为建筑业提供了9万个工作岗位。1996年，亚特兰大奥运会提供了37.7万个就业岗位。2000年，悉尼奥运会提供了15万个就业岗位。

在第三产业中，对再就业人员来说，最具吸纳空间和最少投资需求的就是社区服务业，而社区服务业中体育服务市场最有前途。社区体育作为一种文化消费内容而成为服务性经济，也就是说，运动健身、娱乐观赏和经济三者经过有机整合而构成发展体育产业的动力。

随着人们对健身休闲的需求日益增加，对体育产品的需求量也越来越大，各地区的健身俱乐部、羽毛球馆、乒乓球馆、瑜伽馆、游泳馆等的数量每年递增，为社会提供了大量的就业岗位。健身顾问、健身销售、健身教练、健身器材采购员、健身培训师、健身商务总监、健身俱乐部馆长、游泳教练以及肚皮舞、拉丁舞、爵士舞等各种舞蹈教练成为热门人才。而与之配套的休息区、浴室、更衣室、商品部、停车场等相关部门也为服务人员提供了就业岗位。体育用品门店的扩张，吸纳了大量的劳动力，也增加了居民的收入，促进了社会稳定。任何体育赛事的举行，特别是大型体育活动的举办，参加的人数众多，有运动员、裁判员、工作人员、观众、游客等，这些人的吃、住、行、用给服务业、饮食业、旅游业提供了很大的市场。

三、社会效益与经济效益的关系

社会效益与经济效益既相互独立又相互统一。一切有益于鼓舞和激励人民精神向上，一切有益于丰富和充实人民群众的精神生活、有益于物质文明和精神文明建设的体育项目和活动都是社会效益的体现。体育经济效益和社会效益两者可以相互促进。体育的经济效益和社会效益在发展体育事业的过程中层次不同，充分实现体育的社会效益是发展体育事业的目的。任何社会事业的发展都需要一定经费的投入，体育事业通过自身创造的经济效益来推动体育运动的生存和发展。为了实现体育的社会效益，必须发挥体育的经济效益，只有充分发挥体育的经济效益，才能有效地实现体育的社会效益。目的和手段，二者缺一不可。社会效益和经济效益在发展体育事业过程中绝大多数情形下是一致的。体育活动在人类社会发展中是一种社会化活动，参加的人越多，社会效益就越好，相应的经济效益也就越大。现代经济发展的一条规律就是“规模经济”，要想取得一定的经济效益，必须达到一定的规模。在体育活动中，特别是在群众体育活动中，规模大小恰恰就是社会效益实现的表现形式，社会效益和经济效益相一致。在这里，从活动的次数到参加活动的人数的多少实现了高度的和谐与一致。体育的社会效益与经济效益在一定条件下也有可能发生矛盾，单纯追求体育经济效益的行为不仅有悖于发展体育事业的目的，从长远的观点看，离开了社会效益的体育活动，经济效益也不能够持久。我们要反对把经济效益放在第一位，但也不应该因强调体育的社会效益而排斥体育的经济效益，特别是拒绝经济效益所提倡的工作方式。

第四节　社区体育文化的构建和谐社会价值

社会和谐是人类一直追求的理想。党的十六大报告第一次将“社会更加和谐”

作为重要目标，提出构建社会主义和谐社会的战略任务，并将其作为加强党的执政能力建设的重要内容。

一、和谐社会的基本特征

和谐社会是人们对社会秩序和人际关系的一种理想追求。我们所要建设的社会主义和谐社会，应该是民主法治、公平正义、诚信友爱、充满活力、安定有序、人与自然和谐相处的社会。这就是社会主义初级阶段“和谐社会”的基本特征。

（一）民主法治

民主法治就是社会主义民主得到充分发扬，依法治国基本方略得到切实落实，各方面积极因素得到广泛调动。经过几十年的发展、变革，人们认识到，社会主义民主政治的发展要循序渐进，必须制度化、法制化、程序化，人民当家作主要通过党的领导和依法治国方略来实现。尤其在建立和完善市场经济体制的条件下，民主和法治是协调人们之间的利益关系、规范市场竞争秩序、解决社会各种矛盾和问题的基本途径。矛盾的双方只有在民主法治的框架内才能实现“对立统一”，达到和谐状态。

（二）公平正义

公平正义就是社会各方面的利益关系得到妥善协调，人民内部矛盾和其他社会矛盾得到正确处理，社会公平和正义得到切实维护和实现。公平和正义既是人类社会的基本价值，也是社会主义追求的目标。在社会主义条件下，党和政府是协调社会各方面利益、处理人民内部矛盾和其他社会矛盾的主体，是最广大人民根本利益的忠实代表。构建社会主义和谐社会，要尊重个人利益多样化和利益主体多样化这个实际，在此基础上进行利益调节。

（三）诚信友爱

诚信友爱就是全社会互帮互助、诚实守信，全体人民平等友爱、融洽相处。这是和谐社会对人际关系的基本要求。

（四）充满活力

充满活力就是能够使一切有利于社会进步的创造愿望得到尊重、创造活动得到支持、创造才能得到发挥、创造成果得到肯定。社会和谐并不是绝对的，构建社会主义和谐社会不等于否定变革，不等于维护已经过时的社会制度和体制，也不等于阻碍社会阶层之间的流动。社会和谐将在社会发展和进步的动态平衡中体现出来。因此，真正意义上的社会和谐应该是社会矛盾和冲突不断得到解决、各种弊端不断得到改革和克服，在这个基础上，实现社会的健康发展和全面进步。这就需要整个社会充满活力。“活力”主要来自社会成员的创造活动，“各尽其能”的意义就是人尽其才，使其首创精神能够充分发挥出来。

（五）安定有序

安定有序就是社会组织机制健全、社会管理完善、社会秩序良好、人民群众安居乐业、社会保持安定团结。没有一个稳定的社会环境，就不可能构建社会主义和谐社会。致力于构建社会主义和谐社会和维护社会稳定，是一个问题的两个不同侧面。在这个问题上，既要运用人民民主专政的力量巩固人民的政权，保卫社会主义制度，也要健全维护社会稳定的工作机制，使这项工作具体化。

（六）人与自然和谐相处

人与自然和谐相处就是生产发展，生活富裕，生态良好。人与自然的关系是否和谐是人们的社会关系是否和谐的重要标志。随着现代化进程的加速，人们日益增长的物质文化生活需求给自然环境带来了巨大的压力和破坏，这迫切需要保护人类赖以生存的自然环境，实现自然资源的可持续利用。在市场经济条件下，人与人之间的利益关系如果得不到正确调整，也会出现恶性竞争。有些人以破坏自然环境为代价，实现自己的眼前利益和局部利益。反过来，人与自然关系的恶化也会导致人际关系紧张，出现无序竞争。为此，构建社会主义和谐社会，应该包括实现人际关系的和谐和人与自然关系和谐的良性互动，把实现生产发展、生活富裕的目标建立在生态良好的基础上。

以上这些基本特征是相互联系、相互作用的。构建社会主义和谐社会，必须坚持以人为本，在经济发展的基础上不断满足人民群众日益增长的物质文化需要，促进人的全面发展；尊重人民群众的创造精神，通过深化改革、创新体制，调动一切积极因素，激发全社会的创造活力；注重社会公平，正确反映和兼顾不同方面群众的利益，正确处理人民内部矛盾和其他社会矛盾，妥善协调各方面的利益关系。

二、社区体育文化在构建和谐社会中的作用

社区是广大居民衣、食、住、行和各种文化活动的主要场所，营造良好的社区环境，和谐社区发展，是每个居民的期望。在构建社会主义和谐社会的进程中，体育肩负着义不容辞的责任，也有着独特的优势。社区体育与社区居民生活息息相关，是构建和谐社区的主要内容和手段，是建设和谐社会的重要组成部分。通过对社区体育文化的建设，对社区居民的体育参与意识、体育价值观念等加以引导和熏陶，可营造良好的社区体育氛围。

（一）促进人际和谐

人与人之间的和谐相处既是构建和谐社会的一个重要内容，又是和谐社会的一个重要标志。和谐社会中人与人之间诚信友爱，全社会互帮互助、诚实守信，全体人民平等友爱、融洽相处，是人际关系的一种理想状态，为构建和谐社会发挥着独特功能。现代社会是信息化、网络化高速发展的社会，人们的社交活动减少，社会人际关系变得冷漠，往往事不关己高高挂起。体育的魅力就在于，它能提供一个公平、平等的互动平台，能使不同阶层、职业、年龄和性别的人打破狭隘的地缘关系、血缘关系、上下级关系，相聚在运动场，互相认识、互相了解、交流思想、交流情感，共同的兴趣爱好使他们在认识、情感等诸多心理成分上产生共鸣，缩短他们彼此间的心理距离，促进相互了解与沟通，彼此之间容易建立起平等、亲密、和谐的人际关系。体育运动引导和要求人们互帮互助、诚实守信、平等友爱、融洽相处。在《公民道德建设实施纲要》中，“明礼诚信”被确定为公民的基本道德规范之一，并明确提出：“大众传媒文学艺术以及体育活动，对公民道德建设有着特殊的渗透力和影响力。”体育运动竞赛规则的制度化、规范化、详细化、统一化、科学化，对制定诚信制度条款具有具体指导作用，对公民道德建设和诚信教育具有重要影响。社区体育运动的组织形式有别于正式组织的结构形式，社区体育文化活动形式多样，多为非竞技性的体育活动，以娱乐、健身为主要目的，因此，在运动过程中人们之间比较容易交流、沟通、合作，相互间易形成良性交往，对改善亲子关系、邻里关系、同事关系、同学关系、同志关系都有重要作用。目前，社区精神文明先进评比内容中就有全民健身发展指标。现代生活方式中的休闲体育活动，因其积极向上、健康活泼、修身养性的性质特征，对提高市民修养水平也有积极的作用。社区体育

组织为人们搭建的体育互动平台，将会大大促进我国人际关系的诚信、友爱与和谐发展。

（二）缓解自身压力

现代社会竞争激烈、生活紧张，造成人们精神压力很大，如不及时释放压力，就会产生心理问题，甚至引起社会矛盾。参加健身活动时，身体的各个器官因得到充分供血及适宜刺激，可产生舒适感，加上体育锻炼时的轻松愉快氛围，人们的精神紧张和心理压力会得到较大程度的释放，可以减轻社会矛盾的产生，促进社会和谐。

（三）促进社区发展

社区发展指社区居民在政府机构的指导和支持下，依靠本社区的力量，改善社区经济、社会、文化状况，解决社区共同问题，提高居民生活水平和促进社会协调发展的过程。目前，我国正处在改革的关键时期，各种社会矛盾交织，人口老龄化问题突出，对社区的工作提出了更高要求。

社区体育能够协调各种组织的活动，使社区的生活活动形成一个有机联系的整体，使人与人之间情感交融、心灵沟通，使个体化的人格逐渐融入社区整体。而当个体与群体产生互融时，不仅能极大地丰富个体成员的情感体验，还能创生共同的“社区精神”，让社区内的居民有家的感觉，使社区居民拥有归属感和认同感。在社区空间内发挥社区居民的主观能动作用，实现人的价值，满足人的需要，使个人价值观和对人生的追求与社区体育文化建设有机结合起来，就能够成为促进和谐社会发展的巨大力量。

社区体育的主体是社区成员。社区体育是丰富社区生活、陶冶情操、建立健康的生活方式、促进精神文明建设和社区稳定的有效途径。社区可以将和谐社会的构建与社区体育实际相结合，有利于社区人员树立正确的世界观，增强社区的凝聚力，使社区成员之间有更多的共同语言和情感沟通，加强社区成员的归属感，从而促进社区成员自觉地调整自己的行为，以符合社区规范，促使他们自觉地、积极地投身于社区建设，社区体育工作组织和引导社区群众自觉地参加体育活动，进而促进了社区的社会稳定。社区体育作为社区的主体也推动着城市经济的发展，尤其在提升城市内涵方面发挥着积极作用。

第三章 社区体育文化发展

第一节 社区体育文化发展的现状

一、社区发展

社区是城市生活的重要组成部分，是人居环境、城市文化、城市人文生态的主要载体。社区发展是社区居民在政府机构的指导和支持下，依靠本社区的力量，改善社区经济、社会、文化状况，解决社区共同问题，提高居民生活水平和促进社会协调发展的过程。传统上，社区发展属于社会工作的范畴。社区发展的目标是帮助个人或群体学习和发展技能，以改变、提高社区能力。

随着我国体育制度深入的改革，社区已成为社会办体育的一个重要载体。社区体育成为居民健康生活方式的重要组成部分，越来越受到人们的重视。社区的发展直接关系着社区体育的发展状况，关系着社区居民的精神文化需求能否得到满足。

二、社区体育文化发展的现状

目前，我国社区体育文化发展的总体情况严重滞后，远不能满足居民的文化生活需求。随着生活节奏的加快、竞争的加剧，居民生活压力进一步加大；另外，工业化的发展和信息技术的革命，使居民生活空间变小，居民体质下降，健康状况不容乐观。从全国范围来看，我国目前的社区体育存在较多问题，集中表现为：社区居民利用闲暇进行体育学习和参与健身的意识淡薄；社区基层组织对居民体育活动消费的引导不到位；条块分割的体制导致我国社区体育组织管理的被动；传统的发展观使我国体育设施建设严重匮乏。

（一）居民体育观念淡薄

在生活中体育活动对人的影响不像文化知识和专业技能那样直接，因此，大多数人对体育社会化作用的认知还十分浅显，即便有所了解也未给予足够的重视。体育人口是衡量一个国家体育发展水平的重要指标，同时也是我国全民健身计划目标、任务完成的基本保证和前提。体育人口反映了一个国家的人民对体育的参与程度和亲和程度，对民众身体素质的提高和良好精神状态的维护有重要作用。2007 年的统计显示，我国的体育人口占总人口的 27%，其中男性占 57%、女性占 43%，而且这个数值到目前没有明显增长。在美国，体育人口占总人口的 70%；在日本，体育人口占总人口的 45%，说明我国体育人口与发达国家存在很大差距。由于我国的体育人口少，运动不足，国民体质调查发现，国民的体质呈下降趋势，肥胖、高血压、糖尿病等疾病发病率增高，并呈现年轻化趋势。体育人口是经济和社会发展到一定历史阶段的人口现象和体育现象。体育人口是一项重要的社会体育指标，它反映了人们对体育的参与程度及亲和程度，是经济和社会发展程度的一个重要标志，是制定社会体育发展规划与进行体育发展战略研究的一个重要依据。许多居民把体育活动时间分配于文化娱乐、知识学习之后。即使有些家长把孩子送去学习篮球、足球、健美操等运动，但是他们的直接目的并非出于对体育的认知，而是升学、就业等功利思想驱使。多数居民参加体育活动的目的不是为了提高运动技术水平或促进身体的生长发育，而是为了“健、美、乐”，所以他们一般选择跑步、散步、大众舞蹈等没有资金投入或资金投入少的体育项目，而且锻炼没有规律性。

（二）缺乏合理引导机制

在传统思想模式下，有些干部仍然存在官本位主义、长官意志思想等，缺失积极工作的热情，创新意识缺乏，严重影响了社区体育的开展。主管部门在鼓励开展家庭体育的同时，在政策的引导上做得不够完善，责任不够明确。其主要表现为对全民健身重要性认识不够，社区体育基本处于无人管理的状态；缺乏切实可行的政策、法规来为社区体育发展提供基本的条件和保障，体育政策法规是社区体育管理的一种方式，一个国家或地区的社区体育发展有赖于制定科学的政策法规；缺乏有组织、有计划地制订短期和长期发展计划；缺乏切实可行的推进社区体育发展工作的运行机制，诸多政策都是停留在口号、书面文件的形式上。

（三）缺乏有效组织，设施不足

虽然近些年政府在社区体育文化活动方面投入了大量资金，但远远不能满足居民日益增长的需求，与经济较发达地区或国家的城市相比，我国还存在着较大的差距。社区体育场地设施是居民开展社区体育活动的物质资源保障。但是在我国现阶段大多数社区体育场地设施数量不足，器材条件很简单，场地器材的管理也不到位，出现破损无人修理，这在很大程度上影响了居民参加体育锻炼的热情，更大层面上也会对我国社区体育的可持续发展产生阻碍。我国目前社区体育运行模式有两种：完全市场化的经营模式和政府体育管理部门作为市场主体直接介入经营的模式。政府体育主管部门或者是行政派出机构直接经营、介入，都造成了政企不分、市场失效，还必然会产生权力徇私和腐败。一方面，政府体育管理部门作为城市社区体育资源的拥有者，要求城市公共体育资产在城市文明建设、全民健身中发挥功能和价值；另一方面，作为城市社区体育的经营者，政府体育管理部门必然通过各种方式直接或间接地进行城市社区体育资源资产的商业化运作，获取垄断利润。还有，政府体育管理部门又要行使对城市社区体育经营各项活动的市场监督权。这样，政府不仅是所有者或“出资者”，而且是经营者，同时还是行业的管理者、监督者，其本身的职能和行为无法得到清晰有效的界定、约束和监督。更为严重的是，因为这种“政府投资政府受益”的模式，对于民间和社会资本投资而言，城市社区体育也有很大的阻碍效应，影响了城市社区体育的健康、可持续发展。

社区体育文化建设缺乏科学的长期规划，制度保障缺失。城市社区体育文化建设是一项长期的建设工程，需要科学的长期规划和完备的制度保障。但目前我国对社区体育文化活动缺乏有效组织，非经常性社区体育活动和日常性社区体育活动相脱节。非经常性竞赛活动，如区级和街道社区的综合运动会、家庭运动会、趣味运动会、健美操比赛、秧歌比赛等，这些体育项目需要资金较多，需要耗费较大精力进行组织，无法满足居民的个性化需要，居民难以普遍地参与，也不可能经常化，对增强社区成员体质方面的作用比较小，但可以有效地激发居民参与体育活动的热情，增强其体育意识，形成体育气氛。日常性的体育活动有极强的增强体质的功能，但影响力较小。这两类社区体育活动在功能上可以互补，两者有机结合能很好地完成社区体育任务。但由于社区体育组织与民间体育协会缺乏有效沟通，致使非经常性体育活动促进日常性体育活动的作用并没有很好地发挥。社区管理体系限制了社区体育发展。

充足的资金是城市社区体育得以持续开展的重要保证。社区体育一直是福利性公益事业，主要由政府提供资金，再由居委会操作，动员各方参与，造成了社区组织单一依靠的局面，限制了社区体育的发展。虽然目前社区体育投资由政府、社团向社会化、产业化转化，一定程度上改善了经费短缺的问题，但由于缺口较大，远远不能满足社区体育的要求。另外，对社区的体育投资收益见效慢、利润少，文化体育建设中硬件建设的资金投资体制不健全，没有明确的投资主体，限制了社会资金的投入。

（四）缺乏社区体育锻炼的指导人员

居民一般缺乏正确健身的知识和方法，不注重健身的科学性，往往达不到预期的健身效果或导致运动损伤。这就要求在体育锻炼中必须有科学的指导。人体在适宜的运动过程中，机体会产生一系列适应性的良性变化，从而达到健身防病的目的。如果运动量过大，可能导致伤害；运动量过小，又达不到刺激体内各组织器官、提高生理功能的目的。我国建立了社会体育指导员制度，但社会体育指导员的数量严重不足，社会体育指导员学历偏低、素质参差不齐，对社会体育指导员缺乏有效管理。社会体育指导员一般由退休体育人士和体育爱好者担任，人数少，且分布不均。社区体育指导员以义务服务为主、有偿服务为辅。通过市场机制调动其积极性，提高其指导能力显得十分紧迫。

第二节　影响社区体育文化发展的因素

一、对社区体育文化发展的重要性认识不足

长期以来，我国体育文化的发展以竞技体育为主，对基层体育的重视不足，加之有些人对体育文化存在偏见等因素的影响，没有建立社区体育文化发展的理论和政策体系，极大地影响了社区体育文化的发展。首先，政府管理人员对社区体育文化的认识不足，认为体育就是玩玩，甚至认为搞体育是“玩物丧志”，导致体育管理人员把体育看成是“竞赛”或“娱乐”。因为竞技体育出成绩，就认真抓，而对于基层体育只是在上级检查时才抓一抓，其他时间处于无人管理的状态。其次，居民本身对社区体育文化的认识不足，社区休闲体育组织力度不够，管理责任不够明确。

作为社区体育建立行政管理部门的主要负责人，如今的街道办事处在社区体育工作责任中并没有明确完整地提出有关社区休闲体育公共基本服务供给的职责，绝大部分街道、居委会并没有提供专业的社区体育或休闲体育管理部门，也没有专业的体育人才，再加上社区居民的全民健身意识不足，以至于街道办事处和居委会在社区体育工作中并没有充足的法律法规依据，因此没有政府及其他部门的帮助，社区体育人力、物力、财力等各个方面的不足难以得到良好的解决。

二、没有“以人为本”的公共服务管理理念

伴随着我国城市经济的快速进步发展，我国的体育建设也在飞快地发展，绝大部分城市社区都建立了各种健身场地设备设施等，现在体育休闲健身娱乐场所遍布全国。但是，在社区居民体育健身的同时，社区体育公共服务管理人员普遍没有“以人为本”的公共服务管理理念，认为体育健身只是居民自己的事情，这种狭隘的思想一定会导致其在社区体育公共服务管理上、经验上的不足，一定程度上限制了社区体育公共服务的发展。

三、缺乏体育公共服务的相关政策，法律法规不健全

从党的十六大召开以来，虽然我国政府部门和国家体育总局已经多次在正式文件中提出，要继续发展体育公共基本服务事业，建立更多的社区体育公共服务机构，更加有利于全民健身。但当前除各省、区、市提出了自己的体育公共基本服务地方性措施和政策之外，国家还没有指定统一的社区休闲体育公共基本服务与管理的政策法规或具有可操作性与实施性的指导建议。各种政策及相关法律法规的缺失，将无法保证体育公共基本服务体系的建立开展和运行。

四、社区体育教育宣传力度不够，社区居民健身意识不强

根据《2007 年全国城乡居民参加体育锻炼状况调查》数据显示，我国经常参加体育锻炼的人数比例为 28.2%。对没参加体育锻炼人群的原因分析表明，60% 多为缺乏健身意识。我国推行全民健身计划已有十几年的历程，取得了可喜的成就和巨大的成效，但在济南市社区居民中仍有 60% 的人群由于缺乏健身意识而没有参加体育锻炼，这说明在体育健身的宣传教育上仍缺乏力度。与此同时，我们在体育公共

基本服务方面还有许多工作要去努力。体育公共服务体系的构建同样离不开社区居民休闲意识和体育意识的提高，在休闲体育刚刚起步阶段，面对社区居民的休闲体育公共宣传教育是我们必须重视的工作。

第三节　促进社区体育文化发展的对策

一、改变人们固有的体育观念，让体育成为生活方式

随着科技的进步，媒体技术迅猛发展，促进了社区体育文化的发展。传播媒介由于传播速度快、信息量大，受到人们的关注，在人们的生活中占据重要地位，对人们的生活方式产生了很大影响。现在人们大部分余暇用在网络媒体上，人们在满足视觉和听觉需求的同时，自觉不自觉地会模仿网络媒体上人物的生活方式，接受一些新的观念。因此，可利用网络媒体的传播作用，培养居民的体育意识，增强体育观念，明确体育锻炼的意义。

传播媒介使居民的体育文化活动摆脱了时间和空间的限制，给居民提供了更多的选择方式。许多网络媒体开设了专题栏目，传授有关的体育知识，为居民健身提供指导，满足居民的需要。例如，指导居民能够结合环境和自身条件，制定锻炼计划和方法，养成良好的长期的锻炼习惯；使居民能将所学到的体育知识、技术和方法，综合运用到体育锻炼实践中去，使自练活动成为日常生活中不可缺少的一部分；使居民在身体锻炼的活动中，能够根据自己的身体条件、健康水平，掌握和合理安排运动负荷、运动强度及运动的时间，并能进行自我调节；使居民在身体锻炼效果自我评价基础上不断修正并实施锻炼计划，形成“我锻炼、我健康、我快乐”的社会氛围；使体育成为生活方式，提倡“每天锻炼一小时，健康工作五十年，幸福生活一辈子”。

利用社区体育文化的教育功能，开展形式多样、丰富多彩的群众性体育活动，如社区体育趣味运动会等，形成体育与社会文化的互动，既活跃了社区居民的文体活动，沟通了彼此间的感情，又使居民明白体育是一种积极健康、有品位、有格调的生活，在每个个体发展过程中对人的精神与思想起到了潜移默化的“养成”作用，帮助居民树立终身体育运动是现代生活的新思想，帮助居民提高终身体育教育

理念，使居民积极支持，乐于参与体育锻炼，在社区内形成良好的社区体育文化氛围。

另外，在社区体育文化建设中，要结合社区特色，制订切实可行的社区体育文化发展规划，进一步加大对学校、图书馆、报刊、俱乐部等体育文化、学习和娱乐场所管理，加强对开发中的商业住房、物业、生活小区文化功能的管理。推进社区体育文化的法制化、科学化进程，真正做到社区体育文化管理有章可循、有法可依。在对社区体育文化建设的软件环境加强管理的同时，也要加大环境发展的综合决策科学化，实现人与环境的和谐、统一及人与自然的融合，用绿色体育文化打造绿色社区。

二、规范社区体育文化的组织与管理

社区体育文化是由民俗、文艺、教育、体育、环境等文化成分共同组成的，是需要社区内所有单位共同参与的大体育文化。一般来说，城市设有市政府、城区、街道办事处三级体育文化管理机构，在基层的社区居民委员会，一般不设专门的体育文化管理机构，只设社区文化活动站。社区体育文化目前主要依托文化体育局管理机构，也就是说，城市街道居委会或社区服务中心的体育文化活动主要受城市文化体育局管理机构的管理。因此，完善城市社区的体育文化管理体制，培育社区各类体育文化组织，建立一个纵横交错的立体型的社区体育文化管理组织系统是推进社区体育文化建设的当务之急。只有成立一个上下贯通的领导、协调、执行和管理机构，才能充分发挥社区各类体育文化组织、机构的管理服务的中心作用，使其成为实施社区体育文化建设的重要组织者，使社区体育文化健康快速地发展。

三、优化配置社区体育文化资源，发挥政府部门和市场机制的作用

优化配置社区体育文化资源，建立共建、共享、共用的社区公共体育文化资源管理体制，是推进新时期城市社区体育文化建设的题中之义。首先，要转变思想观念，打破计划经济体制下形成的条块分割，围绕城市社区体育文化建设的目标，充分调动各方面的积极性，做到资源共享，发挥设施、人才、信息等资源优势，形成科学的社区资源整合机制，促进社区体育文化功能的全面开发，更好地满足社区居

民多方面需求。其次，注重开发社区内无形的体育文化资源，如广泛宣传社区内有一定影响力的历史体育人物和先进典型的优秀事迹，利用社区古老民俗体育文化、建筑艺术等，为城市社区体育文化建设服务。例如，正在建设中的北京园林小品。从选材广泛和纵深的历史感、广博的世界性诠释奥林匹克体育文化的历史及现状，同时从艺术、音乐、雕塑、哲学及其历史中挖掘题材，灵活创造，形成社区体育文化以世界民俗体育文化为经、各种艺术表现形态为纬、体育运动发展历史为轴的多维表现形态。例如，古希腊岩石所刻跑步的人及“你想健康吗？运动吧！”等古老谚语的题字；古希腊运动场边古老的哲学家在观看奥林匹克竞赛时会心沉思的景象，以及在体育大会上高声朗读自己哲学作品的场景；中国古代及民间体育运动的景象等，丰富了社区体育文化服务、商业设施及体育文化活动，丰富了国际化内涵。又如，北奥社区服务中心。北奥社区服务内容及方式借鉴发达国家中的社区服务方式来设置，通过多元化的服务内容及课程设置，尤其是在社区体育运动、健康保障体系方面的设定，为业主提供符合国际化水准的健康生活，这是北奥社区与其他小区的不同之处。最后，在推进城市社区体育文化建设过程中，尤其注重加大政府对社区体育文化建设与发展的物质投入力度，充分发挥政府部门的主导作用，保障城市社区体育文化建设的顺利开展，并积极挖掘社会市场的潜力，形成社会、市场、政府与社区居民共同参与、共同促进的协调发展的局面。

四、构建覆盖面广、联动性强的城市社区体育文化网络

社区体育文化是社区体育文化活动的运行机制和组织载体，是连接各种文化形式的桥梁和纽带，是组织吸引广大居民群众参与社区体育精神文明建设的有效途径。各个社区可根据居民不同层次、不同兴趣、不同年龄的需要，统一领导，全面规划，逐步建立健全群众体育文化活动网、社区体育文化教育培训网、社区科普文体活动网等体育文化网络。在社区上下形成以街道为“纲”，以各条文体化网络为步，纵横交错、紧密相连、纲举目张的社区体育文化网，使城市社区所有居民都能在网络中找到自己的位置。通过城市社区体育文化网络的全面建设，提高城市社区居民的思想道德素质和科学文化水平。

五、注重对社区体育文化多样性的尊重和培育

从最一般意义上来说，社区体育文化相对于一个社会的主流文化，只是一种亚

文化，但这种体育文化恰恰又是这个社会主流文化的基石，它经过高度的整合、抽象之后，往往被浓缩至主流文化之中，成为支撑社会发展的文化基础。在市场经济条件下，经济成分和经济利益、社会生活方式、社会组织形式、就业岗位和就业方式日益多样化的今天，充分尊重城市社区体育文化多样性的特点，本着平等、民主的精神，推动不同城市社区文化之间的交流与借鉴，大力培育适应社会主义市场经济要求的、多样化的新型城市社区体育文化，是推进新时期中国城市社区体育文化建设向前发展的有力保证。

六、建立城市社区体育文化多渠道投入机制

建立并完善社区体育文化多渠道投入体制。各级财政要逐步加大对体育文化事业的投入，保证群众体育文化事业发展的专项经费，并划拨一定比例专门用于社区体育文化建设。对于政府兴办的群艺馆、体育场馆、图书馆、文化馆、体育文化站，各级政府要给予经费保障，对这些体育文化设施的基建投资和维修经费应逐年有所增加。在体育文化事业经费的分配上，要向体育场馆、图书馆、文化馆、体育文化站适当倾斜，切实保证这些单位顺利实现工作重心的下移。另外，充分发挥社区亚文化的优势地位和影响，以文养文，增强社区体育文化的自生能力、再生能力和竞争能力。最直接的途径即改变体育文化资本的存在形式，以小政府大社会为目标，开创社区体育文化产业。要充分利用非政府机构等渠道，利用市场手段广泛募集社会资金，依靠社会力量办社会事务，使社区结构不断得到修补和完善，从而真正把社区体育文化产业作为社区建设的新的增长点。

七、重视社区体育文化人才队伍建设

重点抓好专业和业余两支社区体育文化工作者队伍建设。在专业队伍建设方面，应及时解决体育文化工作人员的编制问题和待遇问题，向社会招聘高素质人才充实队伍。在业余队伍建设方面，要以社区体育文化工作积极分子为核心，建立一支社区体育文化志愿者队伍，要支持帮助他们，发挥他们的作用，以专兼结合的方式发展和壮大社区体育文化队伍，提高思想业务素质，培养社区体育文化工作的复合型人才。在全国城市社区体育文化工作队伍中普遍开展岗位培训和继续教育工作，逐步实行持证上岗。

第四章　社区体育文化活动的原则、内容与方法

第一节　社区体育文化活动的原则

由于社区资源丰富多样，在指导开展体育活动时，要注重根据不同的居民、活动场所及设施设计组织相应的体育活动，在组织指导中应体现以下几个原则。

一、个性化原则

个性化原则是指根据居民的年龄、性别、身体状况及锻炼目的等个人特点，制定锻炼的内容、时间、方法，安排运动负荷。由于人与人存在较大的个体差异，锻炼的客观条件也千差万别，因此，居民要根据自身条件和需求做出选择。

制订社区体育文化活动计划要考虑的个人因素主要有身体素质状况、健康状况、年龄特点、性别特点、职业特点、兴趣爱好、个人的技术水平等，同时，还要对活动的场地、器材、时间、气候等客观条件统筹考虑，从而制定活动的时间、地点、项目、内容、方法，并在活动中不断调整。

二、适量负荷原则

适量负荷原则是指体育锻炼中运动负荷要适度，使锻炼既能达到锻炼身体的目的，又要符合身体的承受能力。因为锻炼的效果很大程度上取决于运动刺激的强度，运动量太小，对机体的影响轻微，不足以引起人体生理功能的变化，锻炼效果不佳；运动量过大，反而有损身体健康，引起运动性疾病。

要想在锻炼中取得良好效果，必须在体育锻炼中科学地控制每周锻炼的次数、每次运动的时间和强度。FITT 原则：FITT 即频度（Frequency）、强度（Intensity）、

时间（Time）和类型（Type）。FITT 原则是从事体育锻炼、促进健康所必须采用的基本监控原则。要想在安全的锻炼过程中取得良好的锻炼结果，就必须在体育锻炼中科学地控制锻炼的频度、运动的强度、持续运动的时间，并选择恰当的体育锻炼类型。

（一）频　度

体育锻炼需要系统和有规律地进行，频度表明一个人一个周期（如每周）的锻炼次数。要想获得良好的锻炼效果，每周至少应该进行 3 ~5 次体育锻炼。

（二）强　度

对有氧运动的强度控制可以通过测量心率来实现。在进行有氧运动时，心率应控制在自己最大心率的 65% ~80% 为宜。在力量练习中，可以通过调控练习器械的重量、练习的组数和次数来贯彻 FITT 原则。要使自己现有的身体素质水平逐步得到提高，就必须在适应一定的运动强度后，逐渐加大现在锻炼时的运动强度，即完成从适应到不适应再到适应这样一个循环往复的锻炼过程。

（三）时　间

锻炼时间指每次运动的持续时间。为了提高心肺循环系统的耐力，至少应该持续进行20 ~30 分钟的有氧运动。练习的强度会直接影响持续运动的时间，而在大多数情况下控制运动时间要比控制运动强度容易得多。

（四）类　型

不同类型的锻炼项目会产生不同方面的锻炼效果，因此，应当通过测试了解自身状况和特点，有针对性地选择项目进行锻炼。

三、循序渐进原则

循序渐进原则是指要遵循人体发展和适应环境的生理规律。人体各器官系统的活动功能有一个逐步适应、逐步提高的过程。锻炼身体的运动量要由小到大，运动的持续时间、距离、次数、速度、频度和强度等要逐渐增加，锻炼的内容和方法也要由易到难、从简到繁、逐步提高。锻炼过程中不能简单重复上次的内容，也不能操之过急，要每星期至少锻炼 3 ~4 次，每次不少于 1 小时。“百分之十规则”即每周运动强度或持续时间的增加不能超过前一周的 10%，可指导锻炼者如何提高体能水平和避免过度锻炼损伤。全面发展是要求体育锻炼必须追求身心全面协调发展，使身体形态结构、生理功能、运动能力、各种身体素质以及心理素质等方面得到全面和谐发展，塑造健美的体形体态。

四、经常性原则

经常性原则指应坚持长期地、不间断地、持之以恒地进行体育锻炼。众所周知，生命在于运动，运动宜贯有恒。如果长期停止锻炼，各器官系统的机能就会慢慢减退，体质就会逐渐下降。虽然短时间的锻炼也能对身体机能产生一定的影响，但一旦停止体育锻炼，这种良好的影响作用会很快消失。锻炼要与生活方式相结合才更有效。

人体是由各器官系统有机联系的整体。人体局部机能的提高，必然促进机体其他机能的改善；当身体的某一素质得到发展时，其他素质也会不同程度地有所发展。但每一项运动项目都有一定的局限性，如果体育锻炼的内容和方法单一化，机体就不能获得良好的整体效应。长期只从事力量练习和健身运动，心肺功能和耐力素质就不会得到较大的提高；长期只从事长跑锻炼，虽然会获得良好的耐力素质，但速度、力量素质的发展会相对较差；长期以某一侧肢体活动，则会影响整个机体的匀称发展。

每个人根据自己身体的状况和职业需要出发，选择一些锻炼效果大、自己感兴趣的运动项目为主，辅以其他运动项目或各种辅助练习，可使身体得到全面协调的发展。

五、因地制宜原则

因地制宜原则，指体育锻炼应根据不同地区和环境条件来选择适宜的运动项目，安排锻炼身体的手段和方法。锻炼身体要充分利用自然环境因素，靠近江河湖海等地方，应开展各式各样的水上运动。靠山的地方，可开展登山、越野等各种活动。社区内部的广场、绿地亦可用于开展小型多样的体育活动。总之，只要提高了参与体育健身的意识，有自觉锻炼的愿望，“运动场就在你身边”。

六、卫生原则

体育锻炼与运动卫生、环境卫生和饮食卫生密切相关，只有有机结合，才能达到促进健康、增强体质的效果。讲究卫生主要包括以下几点：定期检测身体状况，按合理的运动处方进行锻炼；遵守生活作息制度，运动与休息交替间隔必须合理安排，要注意劳逸结合、防止过度疲劳；注意饮食卫生，合理补充营养，以促进运动后体力迅速恢复；注意环境卫生和个人卫生。

新鲜的空气，温暖的阳光，清洁的水质，合理的运动场地、器材和运动服装是运动卫生的环境因素。此外，还要注意个人卫生，不要养成吸烟、喝酒等不良习惯，这对提高锻炼效果、预防运动性伤病有重要意义。

第二节　社区体育文化活动的内容

一、健身类体育活动

健身类体育活动是指一般健康人为增强体质、娱乐身心、强身祛病而从事的锻炼活动。由于个人的文化背景不同，风俗习惯和生活习惯不同，所以采取的健身方法也各有不同。任何健身活动必须通过一定的形式才能开展。健身类体育活动具有针对性、季节性、全面性的特点。

（一）大众健身操

大众健身操是近几年兴起的一项深受广大群众，尤其是中老年群体喜爱的体育运动，其特点是不受场地和设备的限制，无论室内还是室外都可以进行，活动形式多样，可以是三五成群，也可以是几十人、几百人进行；活动量可以根据自身的状况随时调整；简单易学、音乐优美、节奏欢快，可以让人们在运动中享受优美的旋律，既增强了体质，又愉悦了身心；运动负荷可大可小，容易控制；在锻炼身体的同时，还能促进人们的社会交往；对各个年龄层次、不同性别、不同身体素质、不同技术水平的人都适宜，各种人群都能从练习中找到适合自己的方式，从中得到乐趣。因此，大众健身操已成为一种深受广大群众喜爱的有氧健身运动，无论是在城市还是农村，街头巷尾随处可见这项运动。

（二）太极拳

太极拳是中华悠久文化的组成部分，是中国传统辩证的理论思维与武术、艺术、导引术、中医等的完美结合，它以中国传统儒、道哲学中的太极、阴阳辩证理念为核心思想，集颐养性情、强身健体、技击对抗等多种功能为一体，是高层次的人体文化。作为一种饱含东方包容理念的运动形式，其习练者针对意、气、形、神的锻炼，非常符合人体生理和心理的要求，对人类个体身心健康以及人类群体的和谐共处有着极为重要的促进作用，是人们几千年的经验总结。它的特点是：身形兼顾、动静结合、内外俱练。

太极拳动作柔和、速度较慢，拳式并不难学，而且架势的高低、运动量的大小都可以根据个人的体质而有所不同，能适应不同年龄、体质的需要，并非年老弱者专利。无论是理论研究，还是亲身实践，无论是提高技艺功夫，还是益寿养生，或是为了完善自我者，都能参与太极拳，并从中获取各自需要。

（1）对神经系统的影响。太极拳是“以静制动，虽动犹静”、动与静结合的锻炼方法。这有益于对大脑皮层兴奋的抑制调节。它对大脑皮层过度兴奋引起的神经衰弱、失眠、头晕等有显著疗效。如果长期坚持下去，亦可逐渐消除疾病在大脑皮层引起的病理兴奋，从而达到治疗效果。

（2）对循环系统的影响。太极拳通过肢体的顺逆缠绕运动，提高了血液循环的速度。通过气的运行，肌肉每平方毫米约有 200 条毛细血管打开使用（在平时只有 5 条左右有血流过）。而毛细血管是依照一定周期来开闭的。因此，它们的搏动好像给身体增加了几百万个微小的“心脏”。这些外围“小心脏”的大量开发，减轻了心脏的负担，可有效预防心脑血管病的发生。

（3）对呼吸系统的影响。练太极拳可使呼吸逐步加深，因之横膈膜下降得较多。通过横膈上下鼓动，牵动胸腹运动加强，可对五脏六腑起到“按摩”作用，这是药物所达不到的效果。如此，胸腔、腹腔的器官血流旺盛，吸收机能加强，对诸脏腑产生的疾病，如肠胃消化不良、糖尿病等会收到良好的疗效。

太极拳的深长呼吸使肺腑排出大量浊气，吸入较多的氧气，提高了肺部的换气效率，同时增强了肺组织的弹性。这可使肋软骨骨化率降低，胸廓活动度加强，对肺病和肺气肿的防治有一定的作用。

（4）对运动系统的影响。通过太极拳顺顶贯顶、脚底生根，会产生上下对拉的意念。加之手眼相随，使颈椎左右摆动，前后摇转等，可对颈椎疾病起到有效的预防和治疗作用。太极拳特别注意腰部活动，要求“以腰带脊”等。通过腰部锻炼，对腰背疼痛的防治有突出作用。太极拳要求节节贯穿，周身一家。在腰脊、关节的带动下再配合回旋缠绕运动，使肩、肘、膝、胯、踝及腕等关节达到节节贯穿，周身一家的地步。如此则能增强各关节的机能和防止其发生退化现象，并有助于维持关节韧带、软骨组织的正常功能。

（三）健身气功

健身气功主要有五禽戏、八段锦、易筋经、六字诀等。健身气功是以自身形体活动、呼吸吐纳、心理调节相结合为主要运动形式的民族传统体育项目。与其他体育锻炼相比，有其明显的健身特点。

（1）注意整体锻炼。人的生命是精神与肉体的统一，人与一般动物的根本区别在于具有特有的精神活动——意识活动。如果说从形、气、神三位一体的人体生命整体观出发，健身气功调身、调息、调心的综合锻炼，正是区别于其他肢体运动锻炼的关键所在。

（2）运动风格缓慢。柔和缓慢是健身气功运动的一个显著特征。这种动作圆活、轻松自如、舒展大方、心意慢运的行功节奏，体现了低强度的运动特点，可避免大强度运动后给人体生理带来的各种负效应，有利于在节能的情况下均匀地提高机体的各种生理功能。古人有言：“体育常劳，劳无过极。”

（3）养生作用明显。养生，就是“治未病”，人的身体素质如何，疾病的发生与否，主要取决人体机能的状况。从一定意义上来讲，健身气功就是改善人体机能的运动。例如，人的情绪波动属于心理反应，一般情况下并不足以致病，但超过心理活动调节的范围，就会引起体内阴阳、气血、脏腑的功能失调而发生疾病。健身气功锻炼时，强调放松机体、平衡呼吸、安静大脑，它可直接作用于中枢神经及植物神经系统，缓冲不良情绪对大脑的刺激，降低大脑的应激性反应，从而维持人体内环境的相对稳定，即可达到抵御外邪、祛病强身的目的。

（四）阴瑜伽

阴瑜伽是在瑜伽修习的基础和经验上结合了医学方面的优势，并融合进中国道教和武术的精粹。阴瑜伽强调的是整个身体的放松，清空一切杂念并结合缓慢自然的呼吸，长时间的动作保持，在肌肉完全放松的状态下锻炼骨骼及其结缔组织、调节神经系统、增强耐力，以达到身心合一的境界；强调伸拉身体骨骼的连接组织、骨头之间韧带、润滑液和骨膜，利用瑜伽的体位法，每个动作静止 3 ~5 分钟，有时甚至是 10 分钟，主要锻炼的部位是盘骨及下背部。所以，在练习过程中偏重于身体的伸展，动作缓慢，在自身极限内保持时间长，从而达到良好的效果。

坚持练习阴瑜伽，能消除疲劳、平静心境，使人保持一种舒畅宁静的状态，充分享受人生，能保持姿态平衡。瑜伽师们认为，人体的许多疾病，如颈椎病、腰椎病等，是因为姿势不正确、失调造成的。通过练习，能够使每一个小关节、脊柱、肌肉、韧带和血管处于一个良好的状态；能够净化血液，调节体重，有效地消除脂肪，维持饮食平衡；能够刺激内分泌系统，维持内分泌平衡。

（五）户外活动

随着现代化进程的加快、科技的进步，人们越来越崇尚亲近自然、回归自然，在充满着新鲜空气、阳光、树木和水的自然环境中开展健身活动。户外活动项目有健步走、慢跑、骑自行车、越野、登山、骑马、游泳、健身操等。

二、康复类体育活动

康复医学是一门新兴的学科，是20世纪中期出现的一个新的概念。康复医学是一门以消除和减轻人的功能障碍，弥补和重建人的功能缺失，设法改善和提高人的各方面功能的医学学科，也就是功能障碍的预防、诊断、评估、治疗、训练和处理的医学学科。体育疗法是现代康复医学的重要内容和手段。

（一）康复的概念和特点

康复一词来自英语“rehabilitation”，原意为“恢复到原来的状态”，如使残疾者恢复正常生活。“rehabilitation”一词又源于“habilitation”，原意为“给予”。世界卫生组织医疗康复专家委员会在1961年对康复提出的定义为：“康复是指综合地和协调地应用医学、社会、教育和职业措施，对患者进行训练或再训练，使其活动能力达到尽可能高的水平。”1981年，又修改为“采取一切措施，减轻残疾和因残疾带来的后果，提高其才智和功能，以使他们能重新回到社会中去”。

因此，康复作为一种概念、指导思想，涉及范围很广，与老年医学、护理学、物理医学、医学工程、医疗体育、整形学、假肢学、社会学、心理学、伦理学等学科均有密切的联系。在现代社会中，人们康复意识的提高以及康复知识的普及显得越来越重要。

（二）运动疗法的生理作用

1. 运动疗法的概念

运动疗法是根据伤病的特点，采取体育运动的手段或机体功能练习的方法，以达到伤病的预防、治疗与康复的目的。

运动疗法不同于一般的体育运动，体育运动是健康人为了增强体质和提高运动技能所从事的体育锻炼，运动疗法必须根据疾病的特点和患者的体质情况，选用相应的运动方法，安排适宜的运动量来治疗疾病和创伤。在各种疾病经急性阶段进入康复期后，运动疗法是缩短康复期、尽快恢复机体正常功能的行之有效的方法和手段。

运动疗法是康复医学的重要手段之一。自世界卫生组织提出“应该提倡主动训练技术和身体体质训练”以来，不论在国外还是在我国，运动疗法都受到了应有的重视。运动疗法与其他医疗方法比较有以下几个特点。

（1）运动疗法是一种功能疗法。

运动疗法可以帮助病人发展循环系统、呼吸系统和关节肌肉活动的能力。通过运动锻炼，能使已经衰退的功能得到恢复，使有缺陷的器官功能在一定程度上得到补偿。通过运动来恢复和提高功能，这是药物治疗所不能代替的。

（2）运动疗法是一种主动疗法。

进行运动疗法要求患者主动参加治疗过程，通过锻炼自我治疗疾病，这样就有利于调动病人治病的积极性，促进健康恢复。

（3）运动疗法是一种全身疗法。

运动疗法除了对局部器官起到锻炼作用外，通过神经反射和神经机制的调节可改善全身机能，增强体质，提高抵抗能力。

（4）运动疗法是一种自然疗法。

运动疗法是利用人类固有的自然运动作为治疗手段，因此，不受时间、地点、设备等条件的限制，正确进行活动时，也不会产生副作用。

2. 运动疗法的生理作用

运动疗法的各项运动必然会引起机体各器官、系统相应的生理反应，各种不同的专门练习对创伤和病变局部起着相应的治疗作用。

（1）提高中枢神经系统的调节机能。

中枢神经系统对全身各器官功能起到调节作用。对中枢神经系统来说，又需要不断接受周围各器官的刺激来保持其自身的紧张度和兴奋性，从而维护其正常机能。当人体患病或受伤后，被迫采取静养或长期卧床休息时，由于缺乏运动，使运动器官及其他感受器传到大脑皮质的兴奋性明显减低，因而减弱了对全身器官系统的调节，造成机体内部以及机体与外界环境的平衡失调。针对这种情况，运动疗法通过适当的运动，能加强本体感受刺激，通过传入神经来提高中枢神经系统的兴奋性，改善大脑皮质和神经体液调节功能。由于神经系统调节功能得到改善，机体对外界环境的适应能力和对致病因素的抵抗力增加，从而提高了防病能力。

（2）改善血液循环和新陈代谢。

受伤和患病时，疾病会影响某些内脏器官功能，加上缺乏运动，整个身体机能活动处于很低的水平，特别是血液循环和新陈代谢功能变得很差，不利于疾病痊愈和康复。运动疗法能通过神经反射和神经体液调节，改善全身血液循环和呼吸功能，改善新陈代谢和组织器官的营养过程，使整个功能活动水平提高，从而有利于病愈和康复。

对于损伤局部，由于肌肉的活动能改善血液、淋巴循环，加强组织的营养代谢过程，因而运动疗法能加速炎症产物的吸收和损伤局部淤血的消散，促进组织再生和修复过程。曾经有人在动物实验中观察到：一些运动的动物受伤的肌肉经过早期运动后，肌肉的缺损部分完全由肌肉组织填充而愈合，并且恢复了肌肉的弹性功能；另一些没有运动的动物肌肉受伤后则由疤痕组织代替，而肌肉功能减弱。另一个韧带切断实验证明，虽然损伤的韧带都可以愈合，但是，运动的韧带细胞及胶原纤维排列有规律，似正常韧带结构，而不运动的韧带细胞及胶原纤维排列零乱。在骨折病变的临床观察中可以看到，早期采用运动疗法的病患者，骨痂形成的时间比不进行锻炼者缩短了1/3，而且骨痂生长良好，新生骨痂很快就具有了正常骨组织的功能。

（3）维持和恢复机体的正常功能。

运动疗法的作用表现在可以促进机体功能的正常化，在患者机体或某一系统出现障碍时，通过专门的功能运动练习，促使其功能恢复正常。例如，当骨折固定后引起的肢体功能丧失，进行运动疗法，可使局部血管扩张，血流加快，提高酶的活性，使肌纤维增粗，改善软骨组织营养，并可牵伸挛缩粘连组织，从而使肢体功能恢复。又如，大脑损伤或病变引起肢体麻痹时，可以通过被动运动或利于某些本体反射来恢复肢体的运动功能。此外，运动疗法还能维持原有的运动性条件反射，消除或抑制病理性反射，因此有助于功能的恢复。

（4）发展身体代偿功能，增强机体免疫防卫系统。

由于损伤或疾病可使身体某些器官功能发生严重损害，甚至完全丧失，但依靠代偿作用，机体能使这些受损器官的功能尽量恢复。运动疗法对发展身体的代偿功能有很大的作用。例如，肺切除术后的病人进行专门的运动疗法（呼吸锻炼），可使呼吸肌和剩余肺叶以及健侧肺组织充分发挥作用来补偿被切除肺叶的呼吸功能。又如，断肢移植病人经过反复的专门运动疗法，可以使断肢功能形成新的运动技巧。

（三）体育康复的方法与手段

体育康复的方法和手段很多，主要有医疗体操、医疗运动、我国传统体疗手段和适应性体育活动等。

1. 医疗体操

医疗体操是根据伤病情况，为达到预防、治疗及康复目的而专门编排的体操运动及功能练习。它对损伤、手术后、瘫痪病人运动器官的功能恢复具有良好的作用，也可以用于某些内科疾病的防治。

（1）医疗体操的特点。

①选择性强。由于医疗体操是按照伤病情况编排的体操动作及功能练习，故可根据各种伤病的性质和病情有针对性地选择运动内容，使其作用到全身，也可作用在局部关节、肌肉。准备姿势、活动部位、运动幅度、运动速度、动作的复杂性及肌肉收缩程度等都可以根据需要来选择，针对伤病个别对待。

②容易控制和掌握运动量。医疗体操根据伤病的情况，选择不同的运动量、动作幅度、持续时间、重复次数等，准确地控制着运动量，使患者恢复更快。

③发展不同的身体素质。根据不同的伤病所编排的医疗体操，可分别达到发展力量、耐力、速度、协调、平衡关节活动的幅度等不同身体素质，适合康复者进行锻炼。

④提高患者情绪。因为医疗体操动作多样化，不仅可以根据病情进行编排，还可以根据患者的兴趣爱好进行编排。这样有助于提高病人的情绪，取得更好的锻炼效果。

（2）医疗体操的种类。

医疗体操根据运动方式及目的不同，可分为下列数种。

①被动运动。

被动运动是依靠外力帮助来完成动作的一种运动。进行活动时肌肉放松，固定其近端关节，远端肢体由助力帮助，根据病情需要尽量关节各方向全幅度运动，运动一般应在没有疼痛的范围内进行。动作应先缓慢，活动幅度应逐渐加大，严禁冲击或使用突然的暴力活动。它适用于治疗因多种原因引起的肢体运动功能障碍，起到解除肌肉痉挛、牵伸挛缩的肌肉和韧带、恢复或维持关节活动幅度的作用。

②助力运动。

助力运动是在病人的患肢没有足够的力量完成主动运动时，由医务人员、患者本人的健侧肢体或利用器械提供力量来协助患肢进行运动。进行助力运动时，应以病人主动用力为主，助力为辅，互相配合。助力应与主动用力配合一致。避免以助力代替主动用力，随着肌肉力量的恢复，逐渐减少助力部分。助力运动既可用于创伤后肌肉无力或功能暂时丧失的情况，也可用于关节活动幅度存在障碍时用助力来帮助加大关节活动幅度。

③主动运动。

主动运动是根据患者病情的需要，由病人主动进行单关节或多关节的、单方向和不同方向的运动，运动的速度和幅度可随需要进行调整。主动运动又分等张收缩和等长收缩两种类型。等张收缩，即日常体育活动中引起关节活动的肌肉收缩运动，又称动力性运动；等长收缩，即静止性肌肉收缩，并无关节活动，又称静力性运动，它能有效地增长肌力，特别适用于被固定的肢体进行肌肉力量训练；等速运动（等动练习），是一种必须用专门器械进行的能有效发展肌力的练习；还有一种被称为传递神经冲动的练习，是通过意念，从大脑有节律地向肌肉主动传递神经冲动，广泛应用于偏瘫、截肢和周围神经损伤等丧失功能的肌肉，一般与被动运动配合应用，能有效地促进主动运动的恢复。但是任何形式的主动运动，都必须注意掌握正确的姿势和适宜的活动范围。

④抗阻运动。

抗阻运动是肢体在主动运动中克服外部给予的阻力完成动作，重点用于发展肌力。阻力可来自他人、自身、健肢或器械，但抗阻运动一般采用负重方式进行，如举哑铃、提沙袋、抛实心球、拉弹簧和橡皮筋等方式进行抗阻练习。阻力的大小根据病人的情况而定，随病情的好转逐渐调整。抗阻运动广泛用于各种原因所致的肌肉萎缩。

⑤本体促进法。

本体促进法是通过刺激本体感受器而促进和加速机体神经肌肉系统功能恢复的一种方法，它是通过利用对动作施加阻力以加强肌肉收缩，利用牵张反射、反牵张反射、姿势反射和利用刺激视觉、触觉、听觉等感受器来加强运动的方法。它是治疗瘫痪病人时用于神经肌肉再训练的一种方法，特别适用于肌力很弱、主动运动困难者，亦可用于一些骨关节疾病和软组织损伤的康复治疗，以增强肌力和恢复关节活动范围。

⑥放松运动。

放松运动是一种常用的、有节律的、柔和而费力少的练习，如肢体摆动性练习和主动意识性放松练习等，广泛用于痉挛性麻痹、高血压、支气管哮喘等病症。此外，运动结束时也应该做放松运动，以利于肌肉疲劳的消除。

⑦矫正运动。

矫正运动是一种用来矫正脊柱和胸廓畸形、扁平足，以及外伤引起畸形的运动。它在有利于矫正畸形的预备姿势下，进行选择性增强肌肉的练习，以增强被畸形牵拉而削弱了的肌肉，加强能促进畸形矫正的肌肉群，同时牵伸由于畸形的影响而缩短的肌肉和韧带。

⑧协调运动。

协调运动是一种恢复和加强协调性的运动。其动作应由简单到复杂、由单个肢体到多个肢体联合协调运动，包括上下肢运动协调、四肢躯干的运动协调、左右两侧肢体对称或不对称的运动协调等。上肢和手的协调运动应在训练动作的精确性、反应速度以及动作的节奏性方面进行锻炼；下肢的协调运动主要练习正确的步态和上下肢动作的配合、协调等。协调运动主要用于中枢和周围神经疾病、损伤患者。

⑨平衡运动。

平衡运动是一种锻炼身体平衡能力的运动。锻炼时，身体的支持面应由大逐渐到小，身体重心由低逐渐到高，由视觉监督练习逐渐过渡到闭目练习。平衡运动直接作用于前庭器官，加强它的稳定性，可改善身体的平衡功能，常用于神经系统或前庭器官病变而引起的平衡功能失调。

⑩呼吸运动。

呼吸运动是改善呼吸功能、促进血液循环、减轻心脏负担的一种运动。常用的有一般呼吸运动、局部呼吸运动和专门呼吸运动三种。一般呼吸运动有单纯的练习、配合肢体躯干运动的呼吸等。局部呼吸运动是重点作用于某一侧或某一部分肺叶的呼吸练习，如胸式呼吸主要作用于肺尖和肺上叶，膈式呼吸主要作用于肺底部和肺下叶，配合侧弯的呼吸重点作用于一侧的肺叶。专门呼吸运动有延长呼气和延长吸气的呼吸练习，在呼气时可配合发音或用手压迫胸廓来增加排气量。局部呼吸和专门呼吸练习主要用于慢性支气管炎、肺气肿、支气管哮喘和胸膜炎等呼吸系统疾病和胸腔手术后病人。

⑪器械运动。

器械运动是依靠器械进行的主动、助力、抗阻或被动运动。它利用器械的重量、杠杆作用、惯性力量和器械的依托来增强肌力，扩大关节运动幅度，发展动作的协调性。应用器械还可以使体操动作多样化，提高病人锻炼的兴趣。医疗体操中常用的器械有两类，一类是自由重物，如沙袋、哑铃等；另一类是大型力量练习器，如联合练习器械、墙挂拉力器、功率自行车、跑台等。器械运动常用于病愈后恢复局部力量和体力。

2. 医疗运动

（1）医疗运动的概念、特点及应用。

医疗运动是指将一般体育手段用于疾病的预防、治疗及康复。常用的体育手段是以有氧训练为主的耐力性项目。其运动量比一般医疗体操大些，对增强患者体质、发展心肺功能有较大的作用，适用于体力中等的慢性病患者和健康的中老年人。医疗运动是冠心病、高血压、糖尿病、肥胖病等患者的主要体疗手段。

（2）医疗运动的分类。

①医疗运动包括走、慢跑、骑车、上下台阶等周期性运动。这类运动由于运动时可达到运动中最大吸氧量的50%～60%，因此，体内物质代谢主要依靠有氧形式进行，而且这类运动容易控制运动强度及运动量。走和跑通过调节其速度、坡度、距离、时间等，骑车通过调节阻力大小及蹬车时间，上下台阶以调节台阶高度、上

下台阶频率及持续时间等来控制运动强度及运动量。锻炼时，应使吸氧达到一定水平（一般以最大吸氧量的70%、40%为安全有效强度的上限、下限），从而对心肺功能和新陈代谢起着有效的锻炼作用。它对增进全身健康，防止过早衰老，防治高血压、冠心病、糖尿病等慢性疾病，以及“运动不足病”都有良好作用。

②游泳和划船。这类运动的特点是体力负担大。从动作结构看，游泳和划船主要是上肢肌肉和肩胛带的活动，运动时，下肢肌肉也参加活动，因此能加强四肢肌肉力量并改善关节的运动功能。此外，这两项运动对呼吸系统也有良好影响，广泛用于神经衰弱、脂肪代谢障碍和慢性支气管炎恢复期患者。

③球类运动。常用的有羽毛球、乒乓球、高尔夫球、保龄球、门球、地掷球以及篮球、排球中某些动作（如投篮、传接球等）均可选用。球类运动是一种几乎全身肌群参与活动的综合性运动项目，能活跃情绪，对神经系统、心血管系统和呼吸系统提出了较高的要求，适合体力达到一定水平的人。

三、休闲类体育活动

随着我国改革开放的深入和社会经济的快速发展，人们的生活水平显著提高，对生活的要求也越来越高，要求有一种文明、健康、科学的生活方式，而休闲体育作为一个国家生产力水平高低的标志之一，作为衡量社会文明程度的标尺，是人类物质文明与精神文明的结晶，是一种崭新的生活方式和生命状态，与每个人的生存质量息息相关。

（一）休闲体育的概念

休闲体育是人们遵循人体的生长发育规律和身体活动的规律，以身体练习为基本手段，以增强体质、丰富生活、调节精神为目的的体育活动。它的形式多样、内容丰富，强调精神和身体得到休息、放松和享受。

（二）休闲体育的特点

1. 自主性

休闲体育是在工作、学习之余参加的体育锻炼，有很强的自主性，人们可以根据自己的性格、兴趣和能力选择体育活动项目、时间、地点和场地。在活动中，可以自由发挥，既不需要按计划或者技术动作要求去做，也不需要按照规定进行体育锻炼，可以根据自身的感受随时调整活动强度，以达到最佳活动效果。这是其他体育项目没有的乐趣。所以说，休闲体育具有很强的自主性。

2. 娱乐性

休闲体育的娱乐性是由活动项目的特点决定的。休闲体育本身就带有娱乐和游戏的性质，使得它不像竞技体育那样激烈地对抗，没有胜负的压力，整个活动过程中人们始终处于轻松、娱乐、享受的状态。

3. 简单实用性

休闲体育项目一般都简单、易学，对场地、设备没有要求或要求简单的设备，如大众健身操、有氧跑、健身气功、武术、登山等。

4. 个体倾向性

参加休闲体育的人可以根据自己的判断、爱好、身体条件、客观环境选择适当的运动项目，按一定的目标、方法、目的、地点、季节进行有效的练习，使身体状况处于最佳状态。

5. 健身性

休闲体育以健身娱乐为主要目的，不以竞技水平的高低划分等级，不以“锦标”为最高目标。参与休闲体育活动不仅能改善心肺功能、促进新陈代谢、有效预防各种疾病的发生，还能消除焦虑、镇恐压惊、缓和紧张情绪，使人精神旺盛，心情舒畅。

（三）休闲体育的功能

1. 愉悦心情

随着现代生活方式的转变和社会竞争日益激烈，人们的生活和工作压力也日益增大，人们常常处于紧张和疲劳的状态中，需要在工作之余释放不良情绪，放松心情，消除疲劳。休闲体育活动形式多样，内容丰富多彩，可以有效改善人的情绪。

2. 强身健体

现代生活中，预防疾病、增进身体健康已经成为人们生活的重要内容。休闲体育以强身健体为目的，通过运动休闲可以调节改善身体状态，提高人体的生理机能，减缓衰老，提高人体免疫力，防止疾病的发生，达到增进人们身心健康的作用。

3. 经济功能

休闲体育消费涵盖了人们参与体育活动和观赏体育竞赛时对体育服务产品、实物产品、精神产品的直接消费以及其他相关活动的间接消费的行为。休闲体育对经济产生的价值是巨大的。英国的运动休闲对国民生产总值的贡献率为1.7%，俄罗斯为1.9%。在美国，1988年体育产业总产量为630多亿美元，然而石油和汽车二者工业总产量为1 000亿美元左右，其中参加健身活动的体育人口占总人口60%以上。在日本，20世纪80年代后期，体育产业居十大产业中第六位，日本将体育产业列为一项重大的内需型产业并大力扶持。我国休闲体育产业起步较晚，但发展速度较快，各种高尔夫球场、健身俱乐部、保龄球馆遍地开花。随着经济的持续增长、人们生活水平的不断提高，人们对健康的观念也发生了很大的转变，“花钱买健康”的理念深入人心。休闲体育产业已经从单纯的娱乐、竞技运动，成为第三产业中的新兴产业、经济发展新的增长点。

休闲产业的发展，一方面，是经济发展的必然产物；另一方面，休闲产业的发展不仅可以带动整个第三产业的发展，优化第三产业的内部结构，而且可以通过产业间的关联效应带动第一、第二产业的发展，以及推动产业结构的升级和优化。它还能够带动传媒业、旅游业、娱乐业等相关产业的发展。据统计，休闲体育项目中高尔夫球比赛、潜水、海钓、自行车、森林旅游等项目的收入可占整个旅游收入的80%以上。未来休闲体育的发展将成为我国新的经济增长点。

4. 社会稳定功能

在休闲生活方式上，人们历来对此存在着“积极”与“消极”两种态度。人们如果不用积极、健康、向上的内容来填充闲暇就有可能出现“闲而生危”的情形。我国社会工作者曾经对青少年犯罪率剧增的现象进行过研究，在对100多名在押青少年犯人进行调查结果显示，87%的犯罪活动都是在闲暇进行的。这说明，在闲暇里犯罪与青少年在闲暇中无所事事、精神空虚有关。而文明、科学、健康的休闲体育生活方式所追求的是一种健康、高级、崭新的现代生活目标。它是社会成员排遣精神压力、散发心中郁闷和发泄多余精力的一个安全释放口。丰富多彩的休闲体育活动使人摆脱以工作为中心的单调生活，丰富和充实生活内容，使人感受到生活的意义和价值，享受生活的情趣。休闲体育文化的示范和导向作用可以调节和引导人们的社会生活，对社会的稳定与发展起到了巨大的作用。

世界卫生组织认为，一个热爱运动的社会其益处已超过健康本身。一个形成“积极生活”方式的社区可以降低医疗保健费用，提高劳动生产力，形成一个健康、自然、安定的社会环境，提高学校及工作单位的效率。

（四）休闲体育的分类

1. 按活动形式分类

（1）观赏类活动：指通过观赏各种体育比赛，使心理压力得到释放，同时学习体育知识，欣赏体育比赛带来的魅力（如观看奥运会、世界杯等体育竞技比赛、大型赛事或体育盛会）。按照游客的参与程度，其可分为静态类型和动态类型。

（2）益智类活动：主要指脑力支出大的棋牌类休闲活动。这类活动可以形成参与者或者配合默契、心领神会，或者智勇双全、胸怀全局的心理特征。

（3）运动类活动：主要指人们亲自参与的轻松愉快的休闲运动，这类运动项目很多，如散步、登山、各种户外运动、球类运动、游泳、滑冰、攀岩、蹦极、漂流等极限运动等。运动类活动是体育休闲娱乐的主体。应注意的是，大部分动态参与型项目也可以成为静态观赏的对象。

2. 按活动作用分类

（1）竞技类：竞技类项目是指以竞技为目的运动类项目，如各类比赛项目。

（2）锻炼类：锻炼类项目是指日常的健身运动和锻炼类项目，如健身、太极拳、健美操、慢跑等。

（3）休闲类：休闲类项目强调其休闲性，如登山、钓鱼、棋牌、冲浪、潜水、沙滩排球、滑雪等。

竞技类、锻炼类和休闲类项目并不是完全割裂的，如滑雪，既有国际级的众多竞技类赛事，又可以锻炼身体，还是冬季最为重要的休闲运动形式。

3. 按活动场地分类

（1）室内休闲活动：如沙狐球、乒乓球、羽毛球等。

（2）室外休闲活动：如高尔夫球、草地滚球。

（3）郊野型：如探险、露营、滑雪等。

4. 其他分类方式

按民族特色，休闲体育可分为：（1）传统型，如游泳、射箭等；（2）民俗型，如踢毽子、拔河比赛等；（3）民族型，如摔跤、叼羊、姑娘追等；（4）军事型，如匹特博、镭战等。按体育运动的时代特征其可分为：（1）古代型，如蹴鞠、马球、射箭、赛马、比武等；（2）时尚型，如高尔夫、攀冰等。

（五）休闲体育的原则

1. 愉悦性原则

对休闲体育活动项目、时间等的选择应当以选择自己喜欢的、能满足自身心理需求的活动项目为原则，要在活动中获得最大的愉快。

2. 非功利性原则

开展休闲体育活动必须保持良好的、闲适的心态，不以追求运动成绩和直接的健身效果为目的，否则就偏离了休闲体育的本质。休闲体育是人们在闲暇时自发性地进行体育活动，完全是出于一种需求，没有任何强制、被动或非自愿成分。在活动中，由于是休闲主体自觉自愿地参与，不仅能直接满足身心发展的需要，而且这种良好的情绪体验会更加激励其持久参与的积极性，并形成“需要—满足—更大需要—更大满足”的持续不断的良性循环。休闲体育以休闲主体的生存、发展、体验为目的，追求生命过程中全面的放松与悠闲。它是以个体为核心，强调人是休闲体育活动的出发点。它追求人的身心健全、人格完善，满足个人的需要、兴趣，实质是一种更为积极、更具本体意义的自我完善和实现自我的创造活动。

3. 经常性原则

个体对外界的各种刺激是逐渐适应、逐渐接受的，要通过长期的、经常性的活动才能达到锻炼身心的目的。

4. 业余性原则

休闲体育活动必须在闲暇开展。休闲体育是非生产性的个人行为，因此必须在工作、学习之余或节假日进行。

第三节　社区体育文化活动的练习方法

体育活动的练习方法是指人们为增强体质、娱乐身心而专门进行某项健身活动所采用的具体练习形式与手段。不同的锻炼任务和活动内容，可选择不同的练习方法，同一种练习方法也可用于不同的锻炼项目。只有科学、有效的练习才能达到健身的目的。

一、重复锻炼法

重复锻炼法是指在相对固定（即不改变动作结构和运动负荷）的条件下，根据锻炼任务的需要，反复进行相同内容的练习方法。例如，重复进行60米加速跑4～6次，每次跑后间歇1～2分钟，且每次跑的距离和速度不变；反复进行大众健身操5遍；等等。它是指重复练习之间按严格规定的间歇时间休息后，再进行练习的方法。例如，400米游泳可分成8段进行训练，每段为50米，游速32秒，休息为30秒。

（一）重复锻炼法的特点

1. 相对固定的练习条件

相对固定的练习条件是在指定区域内进行相同动作的练习，如在同一地点练习发球、扣球等动作。不管做多少次（组），这些练习条件不能改变。

2. 反复练习同一锻炼内容（动作或项目）

反复练习同一锻炼内容指相同的动作或内容反复进行练习，可以是不同的时间或地点。

3. 练习的间歇时间无严格规定

在一次连续或连续多次练习后的休息时间可长可短，根据练习者自身状态、练习目的和掌握动作（或项目）的熟练程度灵活安排。

（二）重复练习法的作用

任何体育项目都需要反复进行练习才能逐渐掌握其技术要领，也即所谓的“熟能生巧”。只有按规范动作进行练习才能达到强身健体的目的；通过长期反复的练习有利于培养练习者的兴趣和练习习惯；这种练习方法适用范围广，几乎所有的练习项目都适用。

（三）重复锻炼法的分类

1. 连续重复练习法

连续重复练习法是练习者对同一动作或项目连续重复练习2次以上，休息后再连续反复练习的方法。其特点是练习持续时间长、次数多、运动负荷较大，对掌握运动技能、提高心肺功能和身体素质作用显著。

2. 间歇重复练习法

间歇重复练习法是指练习者对同一动作或项目练习1次后即休息，之后再进行练习，如此反复进行的练习方法。其特点是每次练习持续的时间较短，练习密度小，间歇的时间不用固定，可避免疲劳的产生，避免练习者产生厌倦情绪。间歇重复练习法适用于初学者。

二、持续锻炼法

持续锻炼法是指在较长的时间内，练习者用较小的运动强度持续不断进行练习的方法。这样的项目很多，如连续 1 小时的散步、连续 30 分钟的大众健身操练习等。其特点是：连续 30 分钟以上的持续练习；运动强度控制在最大强度的 50% ~ 60%（心率控制在 100 ~ 170 次/分）。这种锻炼方法对提高身体的耐受力、提高有氧代谢能力、增强练习者的体力都能起到很好的作用。这种锻炼方法适合有锻炼基础的人，以及青壮年练习者。老年人或体质较差的练习者要采用循序渐进的方式，不能操之过急，开始练习的时间宜在 15 ~ 20 分钟，经过一段时间的练习后可根据自身状态逐渐延长练习时间。但老年人以 1.5 ~ 2 小时为宜，并根据自身状态随时调整运动强度和方式，避免产生不良后果。

三、间隙锻炼法

间隙锻炼法是指两次练习之间的间歇有严格的时间规定。其特点是控制两次练习的间歇时间（如 2 分钟或心率恢复到 100 次/分），使练习者的体力身体机能未完全恢复就进行下一组练习，以增大运动负荷。它对提高练习者的心肺功能和耐受力、提高练习效果有显著的效果。间歇时间的确定以练习者的心率恢复情况作为制定标准，一般为高于练习者静息心率的 30%，心率低于 120 次/分。另外，还要根据练习者的体质和是否有锻炼基础来决定。所谓的间歇时间也不是让练习者完全地静坐或躺倒休息，而应该用积极的休息方式（如慢走、深呼吸等），以增加静脉回心血量，增加氧气供应，促进体力恢复。

四、变换锻炼法

变换锻炼法是指变换各种锻炼环境的练习方法，如场地环境、自然环境、动作要素、运动负荷、动作组合形式等。由于锻炼环境的不断变换，使练习者不断接受新的刺激，有利于减少疲劳，激发练习者的锻炼兴趣和练习积极性，还能提高练习者的协调能力和适应能力，有助于学习和掌握动作技能，提高身体素质。

五、负重锻炼法

负重锻炼法是指载负重量进行锻炼，它要求锻炼者按一定的次数、重量、标准和动作频率去锻炼身体、增强体质，如使用杠铃、沙袋等锻炼身体和增强力量素质。

六、循环锻炼法

循环锻炼法是指练习前设立几个不同的练习点，练习者按照既定顺序和路线，依次完成每个练习点的练习任务的锻炼法。其特点是锻炼者在完成一个练习站的练习任务后，迅速转移到下一个练习站继续练习，同时下一个锻炼者依次跟上。每一个锻炼者完成了各个练习动作或项目的练习内容，就算完成了一次循环。其结构因素有每站的练习内容、运动负荷、练习站点的安排顺序、练习站点之间的间歇形式和时间、每一循环之间的间歇、设置练习站点的数目与循环的组数等。

循环锻炼法对技术的要求不高，且各项目都采用比较轻度的负荷练习，因此练习起来简单有趣，可以有效地提高不同层次和水平的练习者的运动情绪和积极性；可以合理地增大锻炼过程的练习密度；可以随时根据具体情况因人制宜地加以调整，做到区别对待；可以防止局部负担过重，延缓疲劳的产生，交替刺激不同体位，有利于综合锻炼，从而达到全面发展的效果。

运用循环锻炼法时，关键是要按照全面性原则科学地搭配项目。一般选择 6 ~ 12 个已被锻炼者掌握的简单易行的练习项目。搭配时注意上肢动作与下肢动作、剧烈的跑跳练习与静力憋气动作之间的合理交替。在健身锻炼中，可根据锻炼项目安排循环练习各练习点，还可分队比赛，增加竞争性，以提高练习兴趣。

第四节　社区体育文化活动的指导方法

一、讲解法

（一）概　念

讲解法是指指导者用语言向练习者说明动作名称、作用、做法、要领、要求，以及指导练习者掌握动作技术、技能，进行学习和练习的方法。

（二）讲解法的基本要求

1. 讲解要有目的性

体育锻炼的特点是以身体训练为主，所以为保证练习者有足够的练习时间，指导者要课前做好充分的准备工作，对每一个练习动作都深入了解，掌握动作的重点和难点，做到讲解时既重点突出、语言准确、简明扼要、通俗易懂，又生动形象。

2. 讲解要有科学性

指导过程使用的语言必须是科学的语言。科学的语言有其特定的含义：第一，语言必须能反映客观事物的现象和本质；第二，语言要能说明客观事物的规律性；第三，不同学科的专业术语在引用时，不能任意改变原意。指导者要在认真理解教材的基础上，反复思考指导中要讲解的内容，不能草率从事。要对每个技术要领认真思考，设计好每一句话，使指导语言有充分依据，经得起推敲，在科学上无懈可击。

3. 讲解要有艺术性

指导者在讲解中的语言对练习过程中的气氛和练习者的兴趣都有深刻的影响。枯燥乏味的讲解会使练习者感到厌倦，容易出现疲劳现象。因此，指导者要在平时提高自身的文化水平和专业知识，要善于运用生动形象的语言讲解。语言要生动、简练，抑扬顿挫、高低强弱分明，亲切而富有激情，并配合适当的手势与神态，这样可吸引练习者的注意力，增加教的感染力，激发练习者练习的积极性。

4. 正确使用体育术语

术语是专门的语言，是最集中、最概括、最精练的语言。体育专业术语是从体育技术中提炼出来的专门性的技术语言，它是人们长期从事体育活动实践的产物，是人们在从事体育工作时用以统一认识、便于交流信息的特殊用语。许多体育术语是用概括的词语来说明某个动作的名称、技术特点、动作结构、动作规范等。指导者使用专业术语有利于练习者建立正确的动作概念，有利于练习者掌握动作的技术要领。

5. 讲解与启发思维相结合

启发式讲解是指指导者在练习过程中根据练习任务和内容的客观规律，从练习者的实际出发，采用多种方式，以启发练习者的思维为核心，调动练习者练习的主动性和积极性的讲解方法。启发式讲解的实质在于正确处理教与学的相互关系，它反映了教学的客观规律。其特点是：强调练习者在练习中的主体作用，指导者要调动练习者的练习积极性，实现指导者主导作用与练习者积极性相结合；强调练习者智力的充分发展，实现系统知识的学习与智力的充分发展相结合；强调激发练习者内在的学习动力，实现内在动力与学习的责任感相结合；要求指导者把练习内容引导转化为练习者的具体知识，再进一步把练习者的具体知识转化为能力。

启发式讲解的意义在于：帮助练习者理解动作的结构、特征和完成动作的顺序，以及动作的时间、空间和用力的特点，了解动作的原理，建立动作的概念，明确动作的关键环节；使练习者明确练习的目的、意义，诱发他们的练习积极性，指导他们按要求进行练习，养成良好的行为习惯；唤起练习者的动作表象和想象，激发练习者的动作体验；启发练习者开动脑筋、积极思维，加深对动作的理解和掌握。

二、示范法

（一）概　念

示范法是指指导者以自身或他人具体的动作作为范例，使练习者明确所学动作的形象、结构要领的一种方法。动作示范是最直观的体育指导法，它使练习者直观了解所学动作的表象、顺序、技术要点和领会动作特征方面具有的独特作用。示范法要求示范动作一定要有标准性，给予练习者一个动作的定型，一个正确、优美、完整、协调的示范能激发练习者学习的兴趣和欲望，并能调动练习者练习的积极性和主动性，提高练习效果。

（二）示范法的意义

（1）使练习者通过视觉观察获得动作的视觉信息，留下完整的动作映像，建立视觉表象，以便进行动作的模仿。

（2）准确、轻松、优美的示范动作还能激发练习者的学练兴趣和欲望，提高他们的学练积极性。

（3）在体育练习中，有语言不能表达的方面，练习者难以理解完整动作要领和掌握正确技术环节，必须在适当时候给予动作示范。示范法能丰富练习者的感性认识，使练习者对所练习的任务有更加深刻的认识，在头脑中建立正确的动作表象，从而让练习者更快地掌握技术要领。

（三）示范法的注意事项

1. 示范的针对性

在讲授过程中，指导者要根据练习的目标，以及练习者的实际情况做出明确的示范，动作的层次要清晰，重点要突出，让练习者有目的、有步骤地进行观察和思考。指导者要把握每个动作的细节，抓住重难点，以便练习者更加迅速地掌握技术动作。

2. 示范的准确性

示范是让练习者借助听觉、视觉、触觉等器官来建立正确动作表象的一种方法，是直观感应，示范动作的成败直接影响练习者的练习效果。准确的示范可以激发练习者的练习兴趣，建立完整的技术动作表象，提高练习质量。指导者在课前要做充分的准备，做到娴熟、准确、轻松、稳健的示范，使练习者初步建立起正确的动作概念。

3. 示范的合理性

合理性要求指导者的示范符合练习者的实际水平，不能把指导中的动作示范变成技术表演。如果指导者的示范超出了练习者可接受的范围，就会使练习者产生畏难情绪，丧失信心。因此，指导者可将一些新的、难练的动作或练习者不容易观察清楚的动作环节，从整套或完整的动作中突显出来，分解讲解，以便于练习者观察，并迅速形成动作视觉形象。也可采用对比示范以显示动作之间的不同，造成差异视觉，区别正误，改进技术。如果示范不合理，会导致事倍功半，教学效果就会很差。

4. 示范的完整性

示范的过程首先要保证示范的完整，让练习者先有一个完整的动作概念，然后指导者再把动作逐一分解，抓住每个分解技术的要点。这样有利于练习者掌握技术要领、养成良好的锻炼习惯、做出完整的技术动作。

三、错误动作预防和纠正法

在体育练习和掌握各种运动技能的过程中，不可避免地会出现各种各样的错误动作，错误动作如果不及时纠正，就会使练习者产生错的动作定型，这不仅会影响练习者正确地掌握和提高技术、技能，同时也不利于增强练习者的体质，甚至会出现伤害事故。因此，预防和纠正错误是指导者指导体育锻炼的一种重要方法。

（一）错误动作产生的原因

（1）指导者对教材钻研不透，理解不深，在讲解与示范中传授了错误的知识概念和错误的动作，或在教学中抓不住重点、难点，造成练习者理解上的错误，导致练习者在练习中出现错误动作，这些错误往往出现在大多数练习者中。

（2）由于练习者对所要练习的内容缺乏明确的目的性，练习时积极性不高，态度不认真，或由于所要练习的动作难度大、运动量大而产生畏难、怕苦等情绪，这些心理上的不利因素都可能导致练习者出现错误动作。另外，练习者原有动作技能的迁移和干扰也会对练习动作产生影响。在体育练习中，练习者在学习和掌握动作技能时，经常受到已形成的技能的影响，这就是动作技能的转移问题。动作技能的转移有两种情况：积极的转移，我们称之为迁移；消极的转移，我们称之为干扰。因此，指导者在指导过程中要加强练习目的教育，采取灵活多样的讲授方法，启发和调动练习者的练习兴趣和积极性，严格加强技术动作的规范化训练，防止错误动作的出现。

（二）避免错误动作的方法

1. 要讲得透彻

指导者在传授技术动作的最初阶段，必须把每个动作的概念、原理以及动作之间的内在联系与规律用准确形象的语言向练习者讲解清楚，使之知其然，而且知其所以然。在理解和掌握动作要领的过程中，要有科学的依据。为此，除了要求指导者从理论上吃透教材，熟悉和掌握教材性质、特点、难点，了解练习者生理、心理特征外，还要认真备课，注意讲解艺术。为使练习者对正确动作有深刻认识，防止错误的发生，指导者可有意地做练习者易犯的错误动作，这样练习者做练习时就会结合自己出现的错误加以纠正，从而达到预防的目的。

2. 要做得规范

每当讲授一个新技术动作时，指导者的示范除了要求准确、优美娴熟、连贯外，还应注意表现不同项目的特点和精神风貌，做到形神兼备、有声有色、富于情趣，使练习者在知觉意向上产生连锁反应，即欣赏—羡慕—向往—思维—实践，进而在头脑中留下比较深刻和清晰的“规范”痕迹，便于练习者仿效。在训练练习者某种能力时，可以将正确与错误的动作交织起来示范给练习者，减少或避免错误动作的发生。

3. **要教得规范**

掌握正确的姿势、规格和合理的动作是需要一个过程的。练习者往往是在指导者逐步规范动作的过程中，分辨出正确动作和错误动作的肌肉感觉，学会了各种动作。因此，指导者应了解练习者的基础和接受能力，根据所授技术的难易程度和规范结构特点，预先考虑可能出现的问题，在讲解、示范时给练习者指出来，以防止某些错误动作的出现。

4. **要练得规范**

俗话说，“严师出高徒”。正确的规范动作是在多次重复、严格要求练习的过程中不断强化而建立的一种条件反射。因此，在练习的全过程中，指导者要精心安排好练习的时间、密度、强度等，让练习者按技术动作的规范要求反复多次练习，这样随着正确动作重复次数的增多、时间的延长，练习者的消退抑制加强，正确的动作定型就会逐渐建立，错误的动作就可逐步得到预防。

（三）纠正错误动作时应注意的几个问题

在体育练习中，出现这样或那样的错误是在所难免的，但有些错误不是仅仅采用简单的练习就能解决的，这就要求我们具体问题具体对待。

1. **分析原因，以点带面**

练习者练习动作时，在各技术环节都可能出现错误动作，错误的程度有轻有重。因此，在纠正错误动作时，不能只看到动作表象，必须认真分析错误动作产生的原因。找出原因后，必须以最突出的错误动作为“重点”，以“重点”错误动作为突破口。解决了“重点”错误动作，其他与之有关的不明显的错误动作也可随之而改。

2. **针对特点，抓住时机**

练习者在学习动作的初期，出现错误的概率较大，此时不要急于纠正。即使需要纠正，尽量以集体形式纠正，不能过多地点名纠正，否则会使练习者产生自卑消极情绪。

3. **注意语言的运用和表达**

纠正练习者的错误时，必须与练习者对话。针对不同类型练习者的心理特点，选择恰当的对话方式，往往对练习者改正错误能收到很好的效果。例如，对平时积极练习且效果较好的人可采用提醒式；针对骄傲自满型的练习者可采用警示式；针对自卑心理较重的练习者可采用鼓励式；等等。

纠正错误动作时应注意语言的运用，不能只简单地说出错误的表象，也不能一概简单地说“错了”或“不对”。在一定的场合、时间，用简单的语言指出错误动作，可以起到提示练习者的作用。实践证明，生动形象的语言能激发练习者的想象、思维的活跃，有助于纠正错误动作。

四、综合指导法

体育指导中的方法是比较多的，讲解法、示范法、预防和纠正动作错误法是比较常用的方法。讲解与示范相结合，能调动练习者的视、听器官，通过不同的感知通道向大脑传递信息，形成相互联系的视、听觉表象。同时，要求练习者的感知和思维相互结合运用，促使练习者的感知与思维结合，为的是让他们把中枢神经收到的信息尽快进行加工、编码，编成动作的初步程序或“脚本”，以指导下一步的模仿动作。另外，不论是示范还是讲解，都应带有激励的情感。教无定法，指导者要把所有的方法有机结合、相互补充，并加以正确运用，才能达到好的教学效果。多种多样的指导方法有利于提高练习者的认识能力，激发练习者的练习兴趣，避免单调乏味的练习氛围。

练习者的年龄不一样，观察能力、形象与抽象思维的能力就不相同，注意的稳定性也有差异。因此，讲解、示范的手段也应有所不同。

第五节　社区体育文化活动的保护与帮助

保护与帮助是在使用一些器械进行复杂动作练习时，为保障运动的安全及练习者的身心健康采取的方法。体育运动，尤其是使用一些器械进行复杂动作的练习时，常会使身体处于一定高度或空间，有可能出现脱手失误而产生伤害事故，因此，练习中及时实施必要的保护和帮助是非常必要的。

一、保　护

为防止练习中意外事故的发生而采取的安全措施叫保护，包括发生危险时的安全措施、未发生危险时的预防措施、自我保护措施和他人采取的安全措施。

（一）他人保护

为防止练习者由于技术不正确或意外等原因而对可能出现的危险所采取的安全措施叫他人保护。

保护者应根据项目的特点和动作的结构，站于合适的位置，自始至终仔细观察动作完成的情况，做好保护的准备，一旦发生险情，及时运用接、抱、拦、挡等方法使动作停止或减缓运动的速度，从而减轻或避免危险的发生。

（二）自我保护

为防止由于技术不正确或意外等原因而发生的危险，运用特定的技巧摆脱危险叫自我保护。自我保护的方法有以下几种。

（1）紧握器械，及时停止练习或跳下器械，这是最简单且常用的自我保护方法。当动作出现错误，并可能出现危险时，应立即紧握器械，及时停止练习或采取合理的姿势跳下器械。

（2）利用惯性顺势做屈臂、团身、滚动、滚翻或下蹲等动作，以减缓冲击地面的力量。这种方法在技巧、跳马及各项下法中或掉下时常被采用。

（3）改变身体姿势或动作性质。例如，做单杠“骑撑前回环”不能上杠时，可立即改为挂膝并换成正握。

二、帮　助

在练习过程中及时给予助力、信号或标志物和限制物等，使练习者更快地建立正确的动作概念，更好地掌握、改进和提高动作技术的措施叫帮助。

（一）直接帮助

直接帮助是帮助者直接加助于练习者，使其更快地建立正确的动作概念，更好地掌握、改进和提高动作技术的措施。

直接帮助是一种最简单、最常用的帮助方法。其一般方法是：帮助者站于合适的位置，运用托、顶、送、挡、拨、拉、扶、推、按、搓等方法，帮助练习者完成动作。

不同的项目、不同的动作有不同的帮助方法，要根据具体动作的具体情况灵活运用。

（二）间接帮助

间接帮助是帮助者不直接给予练习者以助力，而是通过信号、标志物和限制物等手段，使练习者掌握正确的用力时间和节奏，体会身体所在的空间方位，尽快地学会动作和提高动作质量的一种措施。

信号包括语言、呼声和击掌等，用以指示发力的时机、动作的节奏，利于建立正确的时间概念。例如，帮助者发出“用力”“伸”“压”，或通过数“1－2－3！”等信号，帮助练习者掌握用力时机和动作节奏。

标志物和限制物包括绳子、杆、球、手帕等醒目的物品，用以指出动作的方向、标志动作的幅度、限制动作的范围，以建立正确的空间概念。例如，跳马中的“协进直角腾越”时，在跳马前上方吊个球，以示摆腿的方向。又如，两膝紧夹手帕做“前滚翻”，以限制两腿的姿势，保证动作的正确完成。

无论保护还是帮助，都可以借助专门的器械进行。随着体育技术的不断发展，高难度动作不断出现，利用专门的器械设备进行保护和帮助尤为重要。

三、保护与帮助的运用

保护与帮助在体育运动中只是一种手段，它的最终目的是在保障练习者安全的基础上，加快动作的学习进度，促进技术的提高，最后能独立完成动作。因此，在练习的不同阶段，对保护与帮助的运用应具有针对性。

（一）不同练习阶段保护与帮助的运用

运动生理学指出，动作技能的形成可分为泛化、分化和建立动力定型3个阶段，即粗略掌握动作阶段、动作改进与提高阶段和巩固与运用自如阶段。在不同阶段，练习者对动作掌握的熟练程度不同，对其采取保护与帮助的手段也不同。初级阶段一般以帮助为主；中间阶段，保护与帮助交替应用；成熟阶段主要以保护为主，最终脱离保护，独立完成动作。

由帮助完成动作到保护完成动作的过渡比较容易，而从由他人保护到完全独立完成动作则较难，特别是一些难度高、危险性大的动作。一定要掌握好摆脱保护的时机，过早脱离保护，容易破坏刚建立的动作定型，使已经掌握的动作出现错误，甚至发生伤害事故，反之会使练习者出现依赖性。确定脱离保护的条件，一般有以下几点：首先，技术的掌握要正确，动作完成的成功率要高；其次，要有坚强的意志、充分的信心、较好的体力及较强的自我保护能力；最后，需要保护时，练习者应具有清晰而正确的运动感觉。具备以上条件，方可确保脱离保护。

在脱离保护阶段，为了进一步提高动作质量，可以再进行帮助、保护，然后再脱离保护，以不断完善动作。

（二）保护与帮助运用的原则

1. 位置要合适

位置是指保护者的站立位置。一般而言，保护者站立的位置应靠近容易发生危险的地方，具体位置必须根据各个项目的特点及具体动作的结构而定。

单杠等运动项目以摆动动作为主，而摆动动作在垂直部位时速度最快，因而在稍超过垂直部位时是初学者最容易脱手的部位，因此，在练习时，保护者与帮助者应站在器械的前侧方或后方。

双杠项目有悬垂、挂臂撑和支撑 3 种类别的动作，一般站于杠侧进行保护。对某些杠上支撑动作，特别是空翻、倒立转体和大摆转体等动作，保护者最好站在杠侧较高位置。

技巧项目的翻滚、手翻和空翻动作较多，这类动作的特点是移动距离相对较大，保护者的位置必须适应这一特点。一般来说，在做向前动作时，保护者应站于前侧方；在做向后动作时，保护者应站于后侧方；在做侧向动作时，保护者应站在背侧方，并随着动作的进行向前、后、左、右移动，保证始终在最合适的位置上。

2. 助力部位要正确

助力部位是指助力的作用点。正确的助力部位就是能发挥最大助力效果的地方，它是根据具体动作结构而确定的。一般而言，主要的助力作用点均在人体总重心附近部位或运动轴两侧的身体部位的重心附近。

（1）时机要准确。

时机是指给予助力的时间。掌握好时机是保护帮助的关键，也是实施保护与帮助的技巧所在。只有选择恰到好处的助力时机，才能真正起到保护与帮助作用。过早或过晚的助力将成为阻力而影响动作完成，甚至还可造成人为的伤害。

（2）力量要适度。

力量适度是指助力要大小适度。助力的大小必须根据练习阶段、练习者的技术水平、身体素质以及动作的难易程度而定。初学阶段助力应大些，随着动作能力的提高，应逐渐减小助力，直至独立完成动作。对技术水平较差、能力较弱的练习者给予的助力要大。

（3）重点要明确。

保护的重点是身体的要害部位和最容易受伤的部位。首先是头颈部，其次是上肢，要避免头部直接着地和直臂撑地。

四、对保护与帮助者的要求

（一）要有高度的责任感

保护和帮助是体育练习中常常采用的一种手段，是防止和避免运动创伤发生的重要措施。指导者在传授技术动作前要对训练的环境、器械等详细检查，对可能引起危险的一切因素进行排查，并准备必要的物品，如垫子、海绵块等。指导者在保护时注意力要集中，随时准备进行保护，要利用各种手段对自身和练习者进行保护和帮助，以确保练习者能安全顺利地完成技术动作。

（二）区别对待、因人而异

由于练习者的个性、情绪、素质及训练水平各不相同，因此采用的方法也不尽相同。对身体素质较好、水平较高的练习者一般只需做好监护或稍加助力即可。而对身体素质差、水平较低的练习者则需要加强保护。保护时所施助力的大小也要视练习者掌握该动作的熟练程度来确定。练习者练习时的身体状态、心理状态对技术动作的完成也有直接的影响。例如，在心情舒畅、情绪高昂的心理状态下，大脑皮层处于兴奋状态，接受能力比较强，学习和掌握动作比较容易，这时保护与帮助也比较顺利。而情绪低落、精神不佳时，大脑皮层处于抑制状态，这时人的反应慢，容易出现不应有的错误，最容易发生伤害事故，这时应提高警惕，加强保护，防止意外事故发生。对于个性强、好胜心强的练习者也要保持警惕，经常提醒；而对于意志薄弱者则要给予鼓励。针对不同对象区别对待才能收到良好的保护与帮助效果。

（三）消除顾虑、男女有别

练习时，应根据不同性别采取相应的保护与帮助方法。通常男性比较胆大、勇敢，但粗心、不注意细节。而女性往往胆怯、害羞而不果断。因此，对他们进行保护和帮助时要区别对待。例如，支撑跳跃中的横箱分腿腾越，因男性力量大，落点较远，对他们进行保护时一般要稍远离器械，保护者立于垫子一侧或左右两侧各站一人；而对女性进行保护时，保护者要靠近器械一侧或正面，以方便施予助力。

（四）难易适度、重视效果

在社区中居民进行体育训练的目的是强身健体，因此动作的难度要适宜，做难度大的动作时更要讲解和示范得详细、准确，还要根据动作的难易程度进行保护与帮助，必要时可采取相应的辅助方法，增加保护人数。在保护过程中指导者也可以通过语言刺激来强化动作要领，使保护与练习协调配合。例如，双杠的挂臂屈伸上动作，进行保护时根据动作要领对练习者发出“收腹举腿”“伸髋压臂”等信号，这样既给了练习者助力，又给予其语言刺激，帮助练习者建立了完成动作的时间和空间概念，从而完善了保护与帮助的效果。

第五章　社区体育文化管理

新时期，社区体育文化要建立健全服务体系，针对社区居民缺乏身体锻炼的现状，切实提高居民的身体素质和健康水平。基于这样的目标，社区体育文化的管理要以“服务”为核心理念，以建立健全管理的组织体系为基础，以发展居民的身体素质为最终目标，将服务的目标和过程有效地结合起来，逐步建立起适宜的社区体育文化管理体制。

第一节　社区体育文化管理的必要性

一、满足社区居民日益多样化的体育需求

改革开放以来，我国经济迅猛发展，社会不断进步，人民生活水平显著提高，对健康和娱乐提出更高的要求。社区体育通过充实他们的业余生活，使居民在社会体育活动中得到身心愉悦，通过居民的参与，使他们的才艺得以展示，增强其成功感、自信心。管理文化建设要注重管理形式和管理方式，充分满足人们各种不同的体育需要，充分做到以人为本，根据不同的对象、不同的方式，力争使每个社会体育参加者获得满意的锻炼效果。

二、为社区体育文化的发展提供必要的经济基础

社区体育管理文化建设要适应市场经济发展的要求，走产业化道路。社区体育管理文化建设要增强发展的动力和后劲，需要寻找新的增长点和支撑平台，要从社区体育实际出发，利用优势资源，尝试产业化道路，如业余体育俱乐部、体育场馆的经营与开发、高档体育活动中心等，尽可能发挥社区体育的经济功能，注重培育与开发体育经营的管理文化，增强体育经营活动的活力，满足人们的体育需求。在

丰富社会体育管理文化的同时，为社区体育发展创造经济来源。

三、为实现和谐社会创造和谐的社会环境

社区体育管理文化陶冶人们的情操，将胜与负、竞争与合作、规范意识和观念渗透到日常的社会体育活动中，在娱乐中潜移默化地教育居民，提高居民惩恶扬善、遵纪守法的意识。社区体育活动可增进居民之间的相互交流、了解，减少误解、摩擦、冲突和减少违法犯罪活动。

四、强化人的主体意识

社区体育重视体育活动参加者自身的内在需要，崇尚体现人的尊严、个性，发挥人的主动性、积极性和创造性。参加体育运动不仅仅是身体器官功能方面的需要，更包括人的思维、感官和情绪的调控，它是人的整体活动，体育的参与过程是人全面发展与全面完善的过程。在参与甚至欣赏体育运动的过程中，人的个性得到了充分的张扬和展示，人的价值和尊严得到了真正的体现和承认，在体育活动的参与和欣赏中，人的地位和作用较少受到种族、年龄、性别、财产和政治见解的影响。体育文化成了人们生活中不同人群兴趣共享，甚至情感共享的唯一领地，不同类型的人能在体育文化的氛围中感受到自己的主体意识。

五、培育公平有序的社会风气

现代体育文化吸收了人类社会道德文明的精神内涵，作为体育文化的精髓，又反过来对人的社会化过程起中介和转化作用。现代社会人口流动性大，越来越离不开规则。人在参与体育活动的过程中，必须承认和遵守其特定的原则和规范，这是对社会契约意识及其有序化过程的体验和适应。在体育活动规则的陶冶下，人们增强了对社会规范的认识和对自我行为的控制力，也就是健康的体育文化有利于培育人们自觉的规则意识，从而有利于社会秩序的稳定。

六、构建开放合作的社会心态

社会体育是一个开放的动态系统，参与者一般根据自己确定的目标来选择活动内容。在达到目标的过程中，人也必然要不断改进和调整练习内容，甚至还会创造

出适合自己特异性需要的运动内容和运动方式。因此，社会参与者要想获得最佳锻炼效果，必须有一个开放的心态去不断确立新的目标，探索新的运动内容和运动方式。而且，为了提高运动锻炼的兴趣和效果，运动参与者常常需要与同行进行交流和切磋，以开放的心态扩大社会交往半径，以及参与自发的业余体育组织，在人际交往和合作中享受体育文化的乐趣。一个地方总是有各种各样的群众体育健身活动，有传统的和流行的，甚至在同一类型的健身运动中还有众多的派系，这就需要各类各派之间的宽容度和开放性、兼容度和合作性，这样才能使社会体育多元、健康地发展。

第二节　社区体育文化管理的原则

一、科学化管理原则

科学化管理，即在管理中运用各种先进的理念、方法、手段等，对社区体育文化的发展进行理性的思考和规划。要坚持理论和实践方面的改革创新，统筹各种形式的社区体育文化活动，使它们协调发展，并兼顾不同人群的需求。充分发挥科学技术的先导作用，将体育科学研究与体育运动实践有机结合，通过科学技术与教育的发展，改善科学管理化模式，充分发挥人才作用，以达到服务广大居民的目标。

二、系统化管理原则

随着改革开放的不断深入，社区体育文化发生了较大变化。政府对社区体育文化给予了更多支持。政府的政策把握着社区体育文化管理的发展方向，起着宏观调控的作用。把社区体育组织作为一个大的系统进行管理，有利于打破原来政府包办一切的局面，发挥系统的部分之和大于整体的功能。

三、法制化管理原则

“以法治体”观念应在社区体育文化管理体制的建立和实行中树立，可使社区体育文化运动的开展有法可依、有章可循。应通过开展体育法的学习，加强社区干部队伍法律知识与意识，增强社区干部队伍的法制观念，提高社区干部队伍的法律素质，建立健全法规体系，创造良好的法制环境，推进社区体育管理体制的改革。要贯彻落实《全民健身条例》，保障公民的合法体育权利。特别是全民健身日的确立，为社区体育文化在更广范围内的开展提供了法律依据。

四、现代化管理原则

体育现代化是体育运动现代化、体育产业现代化、体育高科技及体育管理现代化的有机结合体。社区体育文化现代化的首要内容是管理体制的现代化。社区体育文化发展的规章制度和发展规划需要社区的体育管理者根据现代社会的发展规律和居民的体育需求来制定，从而促进整个社区的发展。要摒弃政府独办体育的体制，探索和建立现代化社区体育管理体制，建立政府、社区、居民共同办体育的新格局。

五、人本化管理原则

随着社会民主化、法制化的不断深入与加强，充分挖掘人（包括管理者与被管理者）的潜能的“以人为本”的管理理念将体现在社区体育文化的管理中，这是必然趋势。在社区体育文化管理中，应深入剖析本社区体育的特点，实施不同的管理模式，充分落实“以人为本”的管理理念，一切从体育管理的实践工作出发，从而获得满意的管理效果。

第三节　社区体育文化管理的理念

一、文化性理念

社区体育文化作为一种社会活动，从属于社会文化，对人的性格锻造、意志挑战、道德建设等发挥着重要作用。中共十六届三中全会通过的《中共中央关于完善社会主义市场体制若干问题的决定》（以下简称《决定》）提出，健全文化市场体系，依法规范文化市场秩序，要深化体育改革，构建群众体育服务体系。《决定》把健全文化市场体系与构建群众服务体系相结合，表明了文化对体育的独特影响。在社会主义精神文明建设过程中，要发挥体育的正确导向作用，必须从其文化性角度出发。作为社区体育的管理者，要秉承文化导向，不仅发挥社区体育所应该发挥的健康、娱乐等作用，更要以广大居民的精神文化建设为己任，增强社区居民的凝聚力，使居民保持旺盛的生命力。因此，社区体育管理应从根本上解决居民对体育文化的认知问题，这也就决定了社区体育管理者必须以文化性理念为导向，提升居民的体育文化能力，端正居民的体育价值观。

二、协调性理念

《中华人民共和国宪法》（以下简称《宪法》）第二十一条规定："国家发展体育事业，开展群众性体育活动，增强人民体质。"由此可知，《宪法》以法律条文明确规定，公民参与体育活动的权利，不仅强调了体育事业建设的重要性，同时确立了体育的本质功能。社区体育文化活动是属于体育社会学范畴的概念，《宪法》在规定公民参与体育活动权利的同时，就等于确定了体育的社会关系。社区体育管理虽由政府主导，但在体育改革过程中，我国体育事业发展逐渐走向社会化、产业化道路，使得体育事业发展离不开社会资本的投入，这就让社区体育管理在管理层面必须形成政府与社会相结合的管理方式。实行政府与社会相结合的管理方式，是基于我国区域经济发展和文化发展不平衡的重要因素。之所以强调社区体育管理政府与社会之间是协调性关系，原因在于政府和社会不是隶属关系，而是业务上的指导与被指导关系。政府在某些层面提供的社区体育服务具有一定局限性，而社会企业调动社会力量、开展社区体育活动拥有政府所没有的优势。

三、服务型理念

党的十八大报告首次提出将"全面建设小康社会"改为"全面建成小康社会"，这表明我国经济发展迈入新的发展阶段。随着国民经济水平的提高，人民对体育文化需求日益增长，增加体育服务成为体育事业发展的关键一步。中央 8 号文件明确提出，大力推进《全民健身计划》，构建多元化体育服务体系。从政府的报告和文件中可以看出，国家对群众体育发展的重视及社区体育本身发展的迫切性。社区体育作为提供居民体育需求的主体，必须保障居民所享有的体育活动的基本权利，这也是《宪法》赋予公民的基本权利。随着物质水平的提升，人们对身体健康和长寿的期望比以往任何时候都更为强烈，因此，在社区体育管理上，必须从服务的角度出发，做到合理配置体育资源，满足社区居民基本的体育需求，即保证其体育活动的基本权利，同时为社区体育发展的个性化需求提供和创造条件。

四、效益优化理念

社区体育管理往往涉及社会效益和经济效益两个层面，而如何兼顾社会效益和经济效益成为社区体育文化管理的重点方向。以人为本，重视人民的健康，发展群众体育，这本身就属于社会效益的一部分。但是当二者发生冲突时，不能以牺牲社会效益为代价谋取经济效益，经济效益在某些层面上需服从社会效益，这是社区体育运动的利益所决定的。反过来，社区体育发展需依靠社会经济基础，短时间来看，社区体育管理效益呈现阶段性收益。

第四节　社区体育文化管理的方法

一、注重特色和活动主题的创新

社会体育管理文化既要研究和把握共同的规律，又必须注重创造和形成自己的特色，有特色才有生命力，才有其存在和发展的价值。社会体育管理文化建设要在自身特色上下功夫，一是从深入挖掘本地区优秀的社会体育传统文化内容和形式中去找，使社会体育管理文化建设和本地区的优秀传统文化内容和形式相结合。二是从社会体育的服务中去找。人们的体育需求反映了一个时期社会发展水平、生活质量的状况和精神追求的趋向。三是从现实的社会体育实践中去找。社会体育管理文化创新来源于形形色色的社会体育实践，对现实社会体育活动反映得越及时、越深刻，就越有特色。四是从人们自己的创造中去找。社会体育管理文化是人们自己参与创造的文化，在人们的创造中往往蕴含着许多最有价值、最有特色、最有生命力的东西。

二、走资源整合的市场化、社会化之路

社会体育管理文化是一种集公益型、有偿服务型、自我服务型和企业经营型四位一体的新型文化，决定了社会体育管理文化建设要走市场化、社会化之路。一是要提高工作的整体性，从文化建设的角度把各项工作统一起来；二是在发挥政府和

职能部门指导协调作用的同时，充分利用市场化和经营手段，提高社会体育的组织经营和人们自我服务的能力；三是提高社会体育资源的共享程度，使社会体育有限的资源得到最大限度的利用，提高资源的使用效益；四是提高综合服务能力，通过物质、精神两方面有效的服务，提高社会的凝聚力，构建以“自治、合作、参与、协调”为原则的管理系统。

三、以创建终身体育为突破口，走可持续发展之路

建设以终身体育为导向的社会体育管理文化，提高人们的健康素质，促进人的全面发展，起到陶冶人、锤炼人的作用，是终身体育内容的扩展和补充，是社会发展的要求，是现代生活方式的需要。社会体育管理文化建设在指导思想上应依据科学的体育价值观，促进人们树立强烈的终身体育意识，这是人们终身从事体育锻炼的重要保证。首先，让体育运动进入人们的生活，造就一个全新的科学、健康、文明的生活方式，更能充分体现人生的价值。其次，提高人们的体育素养。这是社会体育管理文化建设的一项重要任务。体育素养实际上就是体育文化水平，主要包括体育知识、体育意识、体育技能、体育品德和体育行为等方面。体育素养的高低决定了体育运动的效果好坏。社会体育管理文化建设必然具有对人的教育功能，关键是它的表现形式往往是隐形的，是通过无意的、以非特定心理反应机制影响人们的行为和习惯，人们在体育文化环境中进行锻炼，在不知不觉中受其感染或对其进行模仿，实现着文化的沉淀。

四、通过大众传媒形成良好的社会舆论环境

现代社会，传媒无所不在。从过去的报刊、广播、电影，到现在的电视、网络、手机，传媒渗透到社会生活的各个方面，社会体育管理者要充分发挥大众传媒的作用，通过各种渠道让人们了解参加体育活动的重要性，运用各种激励手段，激发人们参加社会体育活动的热情，使人们自觉融入社会体育管理文化建设中。大众传媒不仅影响着人们的生活方式、消费方式、价值取向，而且主导着社会的舆论。社会舆论本质上就是对一些事实的道德分析和道德评价。大众传媒对人们的生活方式、消费方式、价值取向的影响和对社会舆论的主导对于社会体育管理文化的培育具有举足轻重的作用。现代大众传媒应当发挥其覆盖面广、信息量大以及同群众的思想、

工作和生活联系密切的优势，贴近实际、贴近生活，通过人们喜闻乐见的方式，营造有利于社会体育管理文化建设的舆论环境。

五、注重社会体育活动中人与自然的和谐

自觉维护生态平衡，形成社会体育与自然的和谐，培养人们自觉的生态意识，是社会体育管理文化建设的重要内容。要自觉地协调人与自然的关系，在发展社会体育的同时，绝不能以盲目损害环境、浪费资源、破坏自然生态为代价。要使社会体育设施园林化，使社会体育设施与自然环境人性化、一体化，人与构筑物和谐统一，达到健康宜人。它既有利于实现社会体育与自然环境的和谐统一，又可以实现社会体育与社会环境的和谐统一，使社会体育环境真正成为一种自然健康、充满生活活力、健康宜人的“绿色”体育环境。要充分利用自然资源，使自然的草地、空地、水面、山丘、森林等环境和条件在供人们观赏和休息的同时，具有体育健身的用途，产生体育效益。

六、关注弱势群体的体育权利

构建社会主义和谐社会是一个复杂而艰巨的系统工程，需要全面考虑，综合平衡，其中，弱势群体的体育权利是构建社会主义和谐社会必须面对的重大问题之一。关于弱势群体的界定各不相同，大多数学者从社会学的角度，提出弱势群体是“由于社会结构急剧转型和社会关系失调，或由于一部分人的自身原因（竞争失败、失业、年老体弱、残疾等），造成对于现实社会的不适应，并且出现了生活障碍和生活困难的人群共同体”。社会体育管理文化建设意味着人们的社会权利平等，所有公民应当享受体育的权利，社会应充分保障他们的体育需求。应以人为本，竭诚为公众服务。要保障公民均等参与体育的权益，让全体社会成员享受体育的乐趣，保证广大公众不同层次的体育需求，并满足个性的需求。要为弱势群体参与体育创造条件，提供帮助，使老人、儿童、残疾人都能同样享受体育的欢娱。要满足广大人民群众日益增长的体育需求，就必须正确处理经济发达地区与欠发达地区、汉族与少数民族地区、城市与农村和不同阶层之间的利益关系，保障广大人民群众享有基本的体育权利和体育服务，使广大人民群众获得最大的体育实惠。在关心他们生活的同时，关注他们的体育生活，提供更多免费的体育锻炼机会，从组织上、指导上

提供有效的服务，使他们得到社会的温暖、特殊的鼓舞、和谐的人际关系、充实的情感交流。从《全民健身计划纲要》颁布以来，其实施过程分为若干阶段。科学完善的社区体育管理体制和健全规范的体育规章制度是社区体育文化建立好、发展好的有力保证，是社区体育管理规范化、科学化的关键，能促进社区体育精神文化和物质文化的发展。

第五节　社区体育文化管理的内容

社区体育文化的发展应该有完善的制度体系，包括发展目标、发展规划及社区体育活动特色等，这样才能保障社区体育的可持续发展，才能吸引更多的居民参与到社区体育活动中来。

一、制定规划

管理学大师彼得·德鲁克在他的《管理实践》一书中提出 SMART（聪明）原则，被看作目标制定的经典法则，并沿用至今。

SMART 原则将目标分为五个维度：①目标必须是具体的（Specific），思考为了实现目标，你的行动计划是否清晰。②目标必须是可以衡量的（Measurable），思考该用什么衡量是否实现了目标，也就是说，你定的目标最好是可观测的、客观的，而不是主观的。③目标必须是可以达到的（Attainable），思考目标实现的可行性有多大。④目标必须和其他目标具有相关性（Relevant），思考目标是否和其他目标有关联。⑤目标必须具有明确的截止期限（Time - based）。人为地设置计划时间轴，什么时间开始？什么时间结束？什么时候又是计划的关键节点？一个合格的计划，以上五个原则缺一不可。

为确保社区体育文化正常有序地进行，社区体育组织要对社区体育文化制定长远规划和阶段性发展指标；制定具体的活动方案、措施；建立健全“社区体育文化中心”各项规章制度，确定专人管理。

二、改造设施

设施建设是居民健身运动的基础。在条件允许的情况下，要按照居民人数的一定比例进行体育基础设施建设，并定期对社区内的体育锻炼设施进行修缮和更新，最大限度地保证社区居民日常锻炼的需要；完善社区体育设施管理责任制度；积极协调资金，加大对社区体育文化活动设施的投入力度。同时，积极鼓励社会力量参与社区体育设施建设，促进驻区单位、学校、企业内部的体育设施积极对社会开放，为辖区居民提供无偿或低偿服务，积极推进体育设施多元化的建设。

三、建立组织

建立完善的群体管理网络，使100%的社区居委会建立体育组织。积极创建体育生活化社区，大力推进群众体育社会化、现代化进程，这有利于推动社区居民的全面发展和自我完善；有利于促进社区成员的身心健康，促进社区全员素质的普遍提高；有利于创造一种体育文化氛围，使人们养成健康、科学、文明的生活方式；有利于调节社区人际关系，促进社会稳定，带动社区建设的全面发展，促进和谐社区的建设。建立具有区域特色的体育文化组织和与之相适应的管理形式，这是开展社区体育的组织保障，并对社区体育文化活动起调控和干预作用，协调社区体育文化活动的发展。

四、发动群众

居民虽然都对体育的健身、娱乐功能有了一定的认识，但对体育在促进智力发展和心理健康方面的作用认识不清，居民的健身理念还需进一步增强。因此，引入先进的体育思想教育观念，加大对社区体育文化的宣传力度，使社区居民对锻炼、健身的相关知识进行了解，掌握科学的健身方法，培养自觉参加体育锻炼的习惯和意识，提升居民的锻炼热情，非常必要。

应定期组织体育方面的专业人士参加公益性的社区体育工作，对社区居民的日常锻炼进行科学的指导，丰富社区居民的锻炼内容和锻炼手段，并积极组织居民参加有关竞赛活动，营造社区体育的浓厚氛围。

五、开展活动

按照《全民建设计划纲要》，开展经常性的体育活动（赛事），通过举办社区运动会，展示社区居民的形象。用体育作为载体树立社区形象，加强社区体育文化建设，丰富居民的文化生活。

充分利用社区体育文化资源，拓宽活动领域，因地制宜，开展经常性的适合不同年龄、不同层次、不同性别、不同民族特点、寓教于乐的体育文化活动、百姓健身讲堂等，丰富居民生活，提升社区人气，增强社区的凝聚力，营造社区团结、和谐、健康、文明的生活氛围。

第六节　社区体育文化管理的途径

为了满足居民日益增长的健身娱乐的需求，可通过以下途径，大力开展社区体育文化活动，有效提高居民的生活质量。

一、健全社区组织管理机构

目前，社区体育健身娱乐活动的组织管理大多依靠各级群众体协、街道体协、社区体育指导中心和辅导站等。近年来，我国各大城市相继出现了大量群众性的社团体育组织，对进一步合理利用体育活动场地、吸引不同层次的人群参加锻炼、顺利开展全民健身运动起到了积极的作用。但是，不少城市和地区没有健全的社区体育活动组织管理机构，政府部门对各类群众性的社团体育组织缺乏应有的组织领导，管理不力，放任自流。同时，我国社区体育发展不平衡，许多城乡相应的社团组织很少；或者缺少开办社区体育的经验，使社区体育文化活动相对显得贫乏和单调。因此，为了更好地开展全民健身和社区体育文化活动，要建立和健全社区体育的组织管理机构。加强对社区体育活动的领导和管理，将社区体育文化活动纳入正常、健康的轨道，成为当前政府部门亟待重视和解决的问题。

二、大力培养社会体育指导员

《全民健身计划纲要》明确指出了建立社会体育指导员队伍的目的和意义，然而现在的问题是社会体育指导员队伍奇缺，也就谈不上对他们进行培训及技术等级职称的评定和授予工作。在进入 21 世纪时，人民群众积极投身于体育健身活动的热情高涨，参加体育活动的人数急剧增加，自发、自治、自由的群众群体活动已经普遍开展起来，而且还会继续发展。但开展这些体育活动时，因缺乏体育指导员的有效指导，得不到理想的锻炼效果。即使有少数业余体育爱好者自发进行指导，由于他们未经过系统的专业理论和技术训练，其组织能力和技术指导能力以及难免存在的随意性和不稳定性，同日益发展的群众性体育活动的需求自然相差甚远。我国现阶段的社会体育指导员队伍建设严重滞后于蓬勃发展的社区体育文化活动，必然影响全民健身活动的质量。因此，尽快建立一支面向社会、服务群众，有一定组织能力和技术指导水平的社会体育指导员队伍，已是当务之急。

三、依托大、中、小学校，解决开展社区体育活动的场所

据统计，截至 2017 年年底，我国人均体育场地面积虽达到 1.66 平方米，但还是难以满足广大群众日益增长的对体育健身的需要，体育场地缺乏已成为影响人民群众参与体育活动最主要的制约因素。此外，由于我国城市体育设施的规划重点放在大型体育场馆的建设上，而未能充分考虑一般群众从事体育锻炼和娱乐活动的需要，不利于开展全民健身运动。人民群众开展社区体育文化活动的需求与体育场地设施严重缺乏的矛盾相当突出。而学校由于多年的积累，体育场地等设施还是较完备的。2006 年 8 月 6 日，上海召开全国学校体育场馆向社会开放试点区工作会议，冯建中在会上表示，学校体育场馆向社会开放是构建完善的全民健身服务体系的需要。学校体育场馆是全国体育场馆的一部分，并且占到全国体育场馆的 2/3。如果学校的场馆设施在满足学生体育教学和校内体育活动使用之外，能够有组织地向社区居民开放，无疑对缓解广大人民群众日益高涨的体育健身需求与体育场地设施严重不足的矛盾、加快全民健身服务体系的构建具有重要的现实意义。

第六章　社区体育文化建设

第一节　社区体育文化建设存在的主要问题

一、社区体育资源及资金投入不足

通过调查，大多数社区居民认为社区体育健身器材不足、种类单一，即社区体育文化建设过程中缺乏足够的体育器材。有的社区在安装健身器材时，因未考虑居民所处的地理条件，设施距离居民相对较远，使得居民对体育器材的利用率较低。同时由于体育设施和场所非常有限，规模非常小，以及使用器材的居民非常多，造成体育设施资源有限，许多居民没有机会利用社区内的体育设施。另外，在社区体育文化建设推进中，缺乏足够的经费也是阻碍建设进程的一个重要因素。社区体育活动资金获得的难度非常大。调查发现，财政收入与上级拨款是现阶段社区体育文化建设资金来源的主渠道。许多社区在体育活动开展过程中经费非常不稳定，更没有足够的资金用于社区内体育场所和设施的维护。还有许多社区未将体育文化活动经费纳入地方政府财政预算中，开展社区体育活动具有较大的随意性，从而阻碍了社区体育文化建设的顺利推进和发展。

二、社区体育文化制度建设滞后

在社区体育文化建设中，社区居委会仅仅负责管理社区体育活动，而没有相应的政府职能部门。首先，镇街（居委会和街道办事处）是政府职能的承担者，其职责是执行政府颁布的有关法律法规，负责制定规章制度，同时还负责配合其他单位做好管理和执行工作。然而，通常情况下，镇街制定的有关制度不符合社区需求，在社区开展体育活动过程中，无法有效发挥作用，使得社区体育活动大多数为自发性的组织活动。其次，政府社区体育组织和民间社区体育组织两者之间无法有效交流互动，一些社区体育活动的开展缺乏明确的目的。最后，在城市化推进过程中，社区人员具有较大的流动性，这样就使得社区居委会的管理工作难度增加，同时其制度非常散乱，无法提供较好的服务，加之国家对社区体育文化建设的规划以及调整等，同样造成居委会等的管理混乱。

三、社区体育文化精神有待提高

大多数社区居民将健康放在第一位，他们对体育健康认识较高，同时对社区体育文化建设非常支持。然而，在现实生活中，他们对社区体育的参与度却相对较低。调查显示，社区居民参加社区体育活动的频率相对较低，大多数居民不会经常参加。有关调查显示，每周参加体育活动 3 次及以上的居民所占比例仅为 25%，每月 1 次或者不定期地参与体育活动的居民比例超过 40%，说明社区居民的体育意识和参与体育活动的程度背离。此外，社区内居民在宗教信仰、文化背景、经济基础等方面存在差异，使得相互间的体育矛盾和摩擦时有发生。调查还发现，社区对体育活动的宣传工作做得不足。

第二节 社区体育文化建设的功能与作用

一、调节融合功能

体育对人的健康促进功能是体育的基本功能，体育科学的研究使人们认识到，体育除了增强个人体质外，还对人有心理调适的功效。社区体育文化除了对人产生直接的身心文化熏陶功能外，它还可以调节、融合社区内各种陌生的社会关系。人们在休闲之余，会在某个自己经常休闲的区域进行自我调节活动，或者利用社区文化组织管理机构举办一些社区体育活动，让更多的社区居民参与体育活动，打破人与人之间的疏离关系，提高社区内人们的社会交往频率，增强社区的团体凝聚力，建立共同的社会意识，促进社区繁荣，使社区在和睦的人际关系和融洽的社会关系中和谐发展。

二、教育感化功能

社区体育文化对社区青少年还具有教育感化的功能。首先，这种教育有两个方面的教育内涵，一是社区内的青少年在社区体育文化的氛围中受到体育教育和文化熏陶，从不喜欢体育活动到喜欢甚至养成生活习惯这个教育过程；二是已经有良好体育活动习惯的青少年学生对自己家人、社区内居民传播体育与健康的文化知识和在学校、教师那里所学体育活动的科学方法，用来指导社区居民进行科学锻炼的过程。其次，社区体育文化的感化功能主要体现在对不良社区居民、青少年学生的不道德行为甚至非法行为具有教育感化的功能。经常参与体育活动，会体会体育运动、活动的乐趣，减少心理空虚，体会生命积极向上的意义，对社区社会安全问题可以起到一定的疏解作用。

三、促进精神文明建设

社区体育文化建设的目的是丰富社区文化，倡导社会发展中积极的体育价值观和终身体育意识，促进社区健康文化的传播，抵制不健康文化和行为，导向人们健康积极的生活方式选择。中国大众体育发展的几十年，随着从计划经济向社会主义市场经济的转变，经济的发展极大地改变了人们的生活水平。现代体育已从精英走向大众，体育成为人们的一种生活方式，体育活动内容也从单一走向多样。社区体育活动以其最活跃、最生动、最具吸引力、最易于被人们接受的生活方式满足着人们的精神需求。社区是人们生活的主要区域，社区文化也是未来居民社会生活文化的主流文化。社区体育的生活方式不但可以满足人们的精神需求，还可以缓解一些社会矛盾问题，这必将对社会主义精神文明建设起到很大的促进作用。

四、促进社会经济发展

在经济发达的欧美国家，体育健身成为人们生活的基本内容，体育消费占家庭消费的相当比重。随着西方体育文化与中国传统体育文化的抗争与融合，这必将影响中国民众的体育生活观念，人们会逐渐增加体育的消费性支出。现代社会经济的发展，第三产业的兴旺发达是一个重要的特征。社区体育功能条件同时也成为现代人们选择社区生活的导向之一，从这个角度可以看出，社区体育功能条件对社区经济发展具有很大影响。完善社区体育基础设施，对中国体育产业的发展是一种促进和拉动，社区体育的产业化发展也会成为社会经济发展的一个新的经济增长点。

第三节　社区体育文化建设的模式

我国社区体育在总结国外先进经验的同时，还应该根据我国国情和我国社区的特点，制定社区体育发展的科学模式。

一、科学的组织模式

社区体育不但是《全民健身计划纲要》的需要，也是广大居民迫切的需要，但社区体育文化的建设需要科学的组织模式才能顺利地进行和大力发展。社区三大组织——行政、企事业、社团的协调发展是社区体育文化建设的关键。行政是社区体育公益化、法制化发展的制定者，企事业是社区体育发展的经济源泉，社团是社区体育活动良好开展的直接推动者，只有协调好三者之间的合作关系，才能大力推进社区体育发展和社区体育文化建设。

二、科学的运营模式

随着中国改革开放的不断深入和经济的稳定发展，社区体育也从单一的国家举办转向国家、集体、群众团体、个体、合办等多种并存的形式。改变社区体育的“政府办”观念，认识到社区体育的非公益性特点，走出“国家修社区体育设施”，引入产业和市场机制，才能使社区体育走上良性的发展轨道。一来可以减少国家、政府的财政负担，二来可以促进市场经济的循环发展。例如，充分发挥体育社会团体的作用，明确政府与体育社团的关系，政府支持和调控，把经费支持与社团活动内容及质量相联系，或者建立社区体育文化建设的群众性团体，如体育志愿者协会、志愿机构、政府委托、监督和调控等操作运营方式。

三、合理的资源模式

社区体育资源模式主要涉及社区体育资源开发与合理利用两方面。体育资源的开发除了政府投资的公益性设施外，还可以鼓励社会团体或个人参与承包、经营，政府监督，形成多元的投资管理机制，大力发展社区体育文化产业。社区体育资源的存在和利用主要是加大体育与健康文化知识的宣传，制造良好的体育活动氛围，引导社区居民参与体育活动。社区居民参与体育活动有两种方式，一是参加免费的公益性体育活动场所活动，二是参加收费性的体育活动场所活动。对于收费性的活动场所经营，要通过多种方式、渠道引导消费者的体育文化消费需求，通过吸引、教育、培训、宣传等手段来影响和引导消费者。

第四节　社区体育文化建设的途径

一、开展丰富多彩的社区体育活动

居民参与社区体育文化活动是社区体育文化形成的基础，社区体育文化建设的直接目的是让更多的人参与到体育活动、健身中去，形成习惯性参与体育活动的意识。应开展丰富的社区体育文化活动吸引居民，先在氛围中体会体育活动的乐趣，再激发其感同身受的参与动机。在开展丰富的体育活动时，建议从社区体育文化活动的特色、规范、普及等几个方面着手，切忌没有秩序、杂乱无章地开展各种体育活动。要将社区体育文化建设成为社区文化的特色文化，培养社区居民对社区体育文化的认同感。

（1）引导社区居民主动参加社区体育文化建设。经济社会的不断发展使社区居民的生活方式和价值观念发生了很大的变化，安逸的生活对社区居民积极参与社区体育文化建设意识的培养非常不利，因此要培养社区居民积极参加社区体育活动的意识，使其在社区体育文化建设中树立主人翁责任感。（2）充分发挥社区居民的主观能动性。社区居民是推动社区体育文化建设不断前进的主力军，在开展社区体育文化建设中，应充分发挥社区居民的主观能动性，注重提高居民的社会化功能对体育文化建设的推动作用，积极调动引导社区居民的主观意识，使其从自身出发，主动参与到社区体育文化建设活动中来，从而使社区体育文化建设的人才队伍不断壮大，推动社区体育文化建设健康持续地发展。（3）积极引导社区居民，使其对社区体育文化进行系统全面的建设。政府职能部门应该按照每一个社区的具体情况，在经费和政策层面进行支持，也可以提供必要的体育场所与运动设施，充分满足各个社区居民的体育需求，使其能够主动选择自己的方式进行社区体育文化建设。具体可以通过发放宣传资料、媒体资料报道等方式对社区体育文化进行宣传报道，提高其影响力。

二、社区体育与学校体育有机结合

社区体育与学校体育的互动发展有利于促进社区体育文化建设和推进全民健身，社区体育与学校体育的有机结合主要体现在资源共享和学校与社区的双向交流方面。“二元互动”即发挥社区体育与学校体育各自的优势和功能，促进二者的双向参与和互动。“三源共享”即实现学校与社区人力资源、物质资源、文化资源共享，改变过去学校体育与社会体育互相孤立、隔绝的状态，把学校体育作为社会大系统的一个组成部分，实现学校、社会、体育一体化。

三、培养社区体育活动的公民道德

从社区体育活动中建立公民符合社会行为准则的道德观。文化的基础是道德，社区文化建设过程中要注意对居民体育道德行为的培养和约束。社区体育文化建设不但要培养居民的体育参与意识，更要提高居民体育文化素质和文明素质，这种素质决定着社区体育文明发展的水平。可以从宣传、行为等方面着手抓，宣传社区居民应该自觉爱护社区内的体育活动设施，宣传体育对人体健康发展的科学知识，开展科学的体育锻炼专家指导活动，开展社区内体育活动比赛等形式。对破坏社区体育活动的人进行舆论惩罚，使其感受社会舆论的压力，增强社区体育文化建设的道德约束力。在体育行为上奖惩分明，督导社区居民扬善除恶。

四、创建社区体育精神

社区体育精神是社区体育文化之魂，也是社区体育的主要文化因素。社区体育精神是特定区域内社区倡导的由长期体育实践而逐步形成的一种被全体居民所共同认可的体育群体意识，包括居民的体育思想、体育价值观、体育实践中的伦理道德等诸多方面。社区内居民由许多不同背景的人组成，如何将这些具有不同的思想观念、不同的价值观念的人凝聚在一起，形成具有共同归属感的体育价值观、体育行为观，这需要社区文化、社区体育文化、社区体育精神来凝聚。社区体育精神是整个社区居民集体智慧的结晶，是群体体育意识的集中表现，其创建需要社区体育组织者通过问卷调查、家访、座谈、社区体育文化建设有奖征文等方式来获取社区居民的意见。只有民众的想法提炼和创建出来的体育精神才是社区居民共同的心声，才能体现社区体育文化的特色，才能将陌生、分散的社区居民集中在一起进行社区体育活动。

五、切实加强组织管理

建设社区体育文化，推动全民健身事业不断前进，需要从两个方面入手。首先，针对社区体育文化建设发展，设置专门的政府职能部门，利用该机构统一领导管理社区内部的体育组织，建立并完善相应的管理制度，从而从政策层面为社区体育活动的顺利开展提供坚实的保障。其次，社区居民应充分认识社区体育文化建设的价值，因为其关乎社区居民身体健康与稳定繁荣，居民要努力从自身做起，助推政府强化社区体育文化建设。打造一支技术指导水平高、组织能力强的社区体育指导员团队，负责组织与发动志愿者为社区体育文化建设提供无偿的、定期的服务，这支队伍应密切配合有关职能部门开展工作，满足政府部门发展社区体育活动的要求，加大对社区体育活动的指导服务力度，为提高社区居民身体素质、建设和谐社区贡献力量。

第五节　社区体育文化建设的方法

一、关于场地

开展社区文化活动必须有场地，硬件设施是社区文化活动的基本保障。场地的来源首先要有规划。设计部门将社区文化活动的场地、设施纳入规划；物业管理企业在前期介入阶段要积极争取、合理建议。小区交付使用后，物业管理单位在资金许可的情况下，还要有计划、有步骤地对社区文化设施加以完善。条件不够的，要尽可能地提高文化设施的利用率，充分发挥露天广场、庭院、架空层的作用，要做到大活动有地点、小活动有场所。物业管理企业还应动员常驻社区的企事业单位及机关、学校将其文化设施对社区成员开放。政府应进行这方面的法规政策建设，使社区文化工作有法可依、有章可循。

二、关于资金

我国社区体育活动的经费来源主要依靠中央政府的财政拨款，而企业和个人的赞助所占的比例很小，居民个人的体育消费投入较少，显然不能满足开展群众体育活动的要求，因此，经费问题已成为制约社区体育发展的“瓶颈”。应从多个途径构建社区体育文化的经费支持体系。首先，有关政府职能部门应切实加大对社区体育文化的建设资金投入力度，同时国家应为社区开展体育文化建设提供足够的物质条件。其次，走市场化道路，构建投资和融资机制，使其投入到市场的运营中，充分发挥市场在社区体育文化建设中的作用。再次，充分发动社会各界力量，使其对社区体育进行投资，构建起多元化的社区体育发展筹资机制。最后，增强社区居民和社区内部各个单位相互间的合作，开辟多种可行渠道筹集资金。根据我国国情帮助社区居民转变观念，树立“花钱换健康”和“自愿者付费”的思想，着力提高居民的体育消费意识和消费水平，提高有偿体育服务的水平，创造更好更高的效益。同时，积极向社会寻求可靠赞助，促进企业增加对社区体育的财力、物力投入；另外，应积极开发体彩业，培育体育产业的增长点，为社区体育文化建设提供必要的资助和投入，构建起社区体育文化新格局。

三、设立专职组织管理机构

设立机构是社区体育文化活动得以正常开展的组织保证。物业管理单位开展得较好的城市和地区一般要求物业管理企业成立社区体育文化的专门部门，负责落实社区文化活动的组织与执行。社区体育文化的管理部门对人才素质要求较高，许多人要能做到一专多能。能否建立一支高素质的社区文化队伍，直接关系到社区体育文化活动的成效。规模大的小区可以专人负责，明确分工；规模小的小区也可以兼职工作，松散合作。

社区应引进专职社会体育指导员等，切实加强社会体育指导员队伍建设，使其指导水平与服务能力不断提高。首先，加大力度培训社会体育指导员，积极拓展培训方式，建立起体育健身指导服务体系。社会体育指导员主要负责指导体育生活化社区、社区体育健身俱乐部与全民健身工程等。要积极创新培训手段，注重培养指导社区居民健身的社会体育指导员。可以吸纳优秀的运动员、教练员以及专职毕业的大学生为社会体育指导员，充分发挥其在社区体育指导工作中的作用。其次，体育行政部门应提供公益性服务，选派单位体育人才向社区居民提供体育服务，免费为他们提供体育健身方面的技能与知识培训，切实加强与社区居民的沟通。

四、关于方案

社区文化建设的管理部门要制订好社区文化活动的计划和方案，并及时做好活动后的总结工作。有了计划与方案，在工作过程中才不会手忙脚乱，才不会影响活动的质量。方案的拟订要以调查分析为依据，科学合理，切实可行，行之有效。

加强社区精神文化建设，提高居民体育价值观念，充分利用国家发展精神文化建设这一良好契机，切实加强社区精神文化建设，在开展阳光体育活动过程中融入精神文化，使居民在体育锻炼中逐渐提高自身综合素质，使社区内部从管理者到居民形成相同的价值观，可以推动整个社区更加积极地参与到社区文化建设之中，使居民愿意配合管理者，更快地实现自身的体育目标，从而使社区体育文化向着更高更健康的方向发展。要做到多样性与层次性相结合，使居民群众身体状况和体育健身意识在社区文化体育活动中得到提升。一是社区文化体育活动的内容既要有较高格调的高雅艺术性，又要有适合于一般社区居民的通俗文化，尽量照顾不同层次、不同爱好人员的文化体育需求。二是社区文化体育活动要形式多样、内容丰富，使不同年龄、不同个性的社区居民群众都可分享到社区体育文化活动的乐趣，并从中得到交流、教育和提高。具体可以为社区居民举办丰富多彩的体育活动，在活动中宣传体育文化，从而使社区居民在休闲娱乐中形成良好的体育价值观念。

第六节　社区体育文化建设的意义

一、社区体育文化活动是现代社会生活方式的基本内容

社区生活方式是否文明健康科学是衡量社会现代化和人的现代化的重要标志。社区体育文化生活是否丰富是关系到人们能否提高精神生活质量、保持精神健康的

一个重要问题。体育锻炼作为一种大众文化，集娱乐、健身、消费、审美等功能于一体，理应成为人们业余文化生活中的一项重要内容。当前，我国正处在由传统社会向现代社会急剧变革的时代、由计划经济向市场经济过渡的转型期，另外，知识经济的到来必然会导致现代人生活方式产生巨大的变化，而开展社区体育健身活动必将是未来人生活方式的一个重要组成部分。因此，开展社区体育文化活动对于丰富人们的业余文化生活、提高生活质量、增强国民体育和维护社会稳定，在全社会形成文明、健康、科学的生活方式具有重要意义。

二、社区体育文化活动沟通了人际关系，缓解了老龄社会问题

随着人们生活节奏的加快，传统的以单位为活动范围的生活空间逐渐被打破，生活在居民区的人很难有机会彼此交流，人们感到人际关系的淡漠与孤独，尤其是以居民区为主要活动空间的中年人与老年人。按照联合国的规定，60 岁以上的人口超过 10% 或 65 岁的以上人口超过 7%，即进入老龄化社会。我国是世界上老龄人口最多的国家，占世界老龄人口的 1/5。2004 年，中国老龄人口超过 7%，这标志着中国彻底进入老龄化社会。老龄人口的增多，使国民医疗支出迅速增长，给国家带来严重的负担。所以，最终要将老年人的健康问题推向社会。而老年人拥有大量的闲暇时间，由于离开了工作、远离了娱乐设施集中的闹市，子女因工作忙，没时间陪伴，因此增加了老年人的孤独感。人是需要情感交流的，否则不利于身心健康。体育活动作为一种最积极的生活方式，不仅能使老年人保持健康、延年益寿，而且能最大限度地为他们提供交流的机会，使他们在集体中找到友谊与归属感，所以，社区体育理应在老龄问题上引起足够的重视。

三、社区体育文化活动给居民的生活带来了蓬勃生机

随着现代科学技术的高速发展和人们物质生活水平的提高，人们对自己的精神生活越来越重视。特别是 1995 年我国双休日制度的实施，伴随假期、黄金周等劳动工作日制度的改革，减轻了人们的劳动负担，使人们有了更多的余暇。因此，他们要寻求丰富多彩的业余生活，走出家门，到户外进行体育活动，参与其中，并通过体育活动强身健体、陶冶情操、愉悦身心、提高生活质量。社区体育活动已成为居民生活的一个重要组成部分，每天早上，我们可以看到各健身园、各社区内、各处

空地、各公园，有成群结队的人进行健身锻炼，可谓“风景这边独好”，形成了独特的社区文化，给人以积极、蓬勃向上的力量。

四、社区体育文化活动能有效地增强人们的体育意识

体育意识是客观存在的体育现象在人们头脑中的反映，是人们对体育功能、价值等的思维和判断的总合。从人们体育意识形成的过程及其规律上看，人们的体育观念往往是在一定环境中的“触境生情”，其中，周围环境的影响对其有着十分重要的作用。而社区体育是在人口高度集中的城市中进行的，各种体质和精神条件以及社会环境不同的个体或群体集聚在一起，他们对体育有不同的需求和享受方式。因而在一个不大的生活范围内可以看到或参与各种旨在强身的、健体的、娱乐的、交往的、教育的体育活动、技术交流和体育文化的传播和积累，这样易于形成浓厚的体育氛围，并由此促进体育意识的形成。随着人们体育意识的增强，参与体育活动的人数逐渐增多，所以，体育人口的数量也在不断提高。

随着人们对社区体育文化认识的逐步深入，社区体育文化活动被越来越多的人重视。社区体育文化活动在我国虽起步较晚，但已得到广泛开展。社区体育文化活动要快速、健康发展，还需要相关部门做出努力。例如，相关部门完善相关的法律法规，加强宣传力度，加大经费投入，组织丰富多彩的社区活动，促进体育人口的增加等。具体来说，可以从以下几个方面入手：加强相关的社区体育文化活动法制建设，加大对社区体育文化活动的宣传力度；加大社区体育文化活动经费投入，改善社区体育场地设施，注重提高场地器材的利用率；注重丰富多彩的社区体育活动的组织，增加体育人口，发展特色体育项目；做好社区体育文化活动和学校体育有机结合；逐步完善社会体育指导员的培养制度；等等。

附 件

附件 1：全民健身条例

（2016 年 2 月 6 日修正版）

（2009 年 8 月 30 日中华人民共和国国务院令第 560 号公布，根据 2013 年 7 月 18 日《国务院关于废止和修改部分行政法规的决定》第一次修订，根据 2016 年 2 月 6 日《国务院关于修改部分行政法规的决定》第二次修订）

第一章 总 则

第一条 为了促进全民健身活动的开展，保障公民在全民健身活动中的合法权益，提高公民身体素质，制定本条例。

第二条 县级以上地方人民政府应当将全民健身事业纳入本级国民经济和社会发展规划，有计划地建设公共体育设施，加大对农村地区和城市社区等基层公共体育设施建设的投入，促进全民健身事业均衡协调发展。

国家支持、鼓励、推动与人民群众生活水平相适应的体育消费以及体育产业的发展。

第三条 国家推动基层文化体育组织建设，鼓励体育类社会团体、体育类民办非企业单位等群众性体育组织开展全民健身活动。

第四条 公民有依法参加全民健身活动的权利。

地方各级人民政府应当依法保障公民参加全民健身活动的权利。

第五条 国务院体育主管部门负责全国的全民健身工作，国务院其他有关部门在各自职责范围内负责有关的全民健身工作。

县级以上地方人民政府主管体育工作的部门（以下简称体育主管部门）负责本

行政区域内的全民健身工作，县级以上地方人民政府其他有关部门在各自职责范围内负责有关的全民健身工作。

第六条　国家鼓励对全民健身事业提供捐赠和赞助。

自然人、法人或者其他组织对全民健身事业提供捐赠的，依法享受税收优惠。

第七条　对在发展全民健身事业中做出突出贡献的组织和个人，按照国家有关规定给予表彰、奖励。

第二章　全民健身计划

第八条　国务院制定全民健身计划，明确全民健身工作的目标、任务、措施、保障等内容。

县级以上地方人民政府根据本地区的实际情况制定本行政区域的全民健身实施计划。

制定全民健身计划和全民健身实施计划，应当充分考虑学生、老年人、残疾人和农村居民的特殊需求。

第九条　国家定期开展公民体质监测和全民健身活动状况调查。

公民体质监测由国务院体育主管部门会同有关部门组织实施；其中，对学生的体质监测由国务院教育主管部门组织实施。

全民健身活动状况调查由国务院体育主管部门组织实施。

第十条　国务院根据公民体质监测结果和全民健身活动状况调查结果，修订全民健身计划。

县级以上地方人民政府根据公民体质监测结果和全民健身活动状况调查结果，修订全民健身实施计划。

第十一条　全民健身计划由县级以上人民政府体育主管部门会同有关部门组织实施。县级以上地方人民政府应当加强组织和协调，对本行政区域全民健身计划实施情况负责。

县级以上人民政府体育主管部门应当在本级人民政府任期届满时会同有关部门对全民健身计划实施情况进行评估，并将评估结果向本级人民政府报告。

第三章　全民健身活动

第十二条　每年8月8日为全民健身日。县级以上人民政府及其有关部门应当在全民健身日加强全民健身宣传。

国家机关、企业事业单位和其他组织应当在全民健身日结合自身条件组织本单位人员开展全民健身活动。

县级以上人民政府体育主管部门应当在全民健身日组织开展免费健身指导服务。

公共体育设施应当在全民健身日向公众免费开放；国家鼓励其他各类体育设施在全民健身日向公众免费开放。

第十三条 国务院体育主管部门应当定期举办全国性群众体育比赛活动；国务院其他有关部门、全国性社会团体等，可以根据需要举办相应的全国性群众体育比赛活动。

地方人民政府应当定期举办本行政区域的群众体育比赛活动。

第十四条 县级人民政府体育主管部门应当在传统节日和农闲季节组织开展与农村生产劳动和文化生活相适应的全民健身活动。

第十五条 国家机关、企业事业单位和其他组织应当组织本单位人员开展工间（前）操和业余健身活动；有条件的，可以举办运动会，开展体育锻炼测验、体质测定等活动。

第十六条 工会、共青团、妇联、残联等社会团体应当结合自身特点，组织成员开展全民健身活动。

单项体育协会应当将普及推广体育项目和组织开展全民健身活动列入工作计划，并对全民健身活动给予指导和支持。

第十七条 基层文化体育组织、居民委员会和村民委员会应当组织居民开展全民健身活动，协助政府做好相关工作。

第十八条 鼓励全民健身活动站点、体育俱乐部等群众性体育组织开展全民健身活动，宣传科学健身知识；县级以上人民政府体育主管部门和其他有关部门应当给予支持。

第十九条 对于依法举办的群众体育比赛等全民健身活动，任何组织或者个人不得非法设置审批和收取审批费用。

第二十条 广播电台、电视台、报刊和互联网站等应当加强对全民健身活动的宣传报道，普及科学健身知识，增强公民健身意识。

第二十一条 学校应当按照《中华人民共和国体育法》和《学校体育工作条

例》的规定，根据学生的年龄、性别和体质状况，组织实施体育课教学，开展广播体操、眼保健操等体育活动，指导学生的体育锻炼，提高学生的身体素质。

学校应当保证学生在校期间每天参加 1 小时的体育活动。

第二十二条 学校每学年至少举办一次全校性的运动会；有条件的，还可以有计划地组织学生参加远足、野营、体育夏（冬）令营等活动。

第二十三条 基层文化体育组织、学校、家庭应当加强合作，支持和引导学生参加校外体育活动。

青少年活动中心、少年宫、妇女儿童中心等应当为学生开展体育活动提供便利。

第二十四条 组织大型全民健身活动，应当按照国家有关大型群众性活动安全管理的规定，做好安全工作。

第二十五条 任何组织或者个人不得利用健身活动从事宣扬封建迷信、违背社会公德、扰乱公共秩序、损害公民身心健康的行为。

第四章 全民健身保障

第二十六条 县级以上人民政府应当将全民健身工作所需经费列入本级财政预算，并随着国民经济的发展逐步增加对全民健身的投入。

按照国家有关彩票公益金的分配政策由体育主管部门分配使用的彩票公益金，应当根据国家有关规定用于全民健身事业。

第二十七条 公共体育设施的规划、建设、使用、管理、保护和公共体育设施管理单位提供服务，应当遵守《公共文化体育设施条例》的规定。

公共体育设施的规划、建设应当与当地经济发展水平相适应，方便群众就近参加健身活动；农村地区公共体育设施的规划、建设还应当考虑农村生产劳动和文化生活习惯。

第二十八条 学校应当在课余时间和节假日向学生开放体育设施。公办学校应当积极创造条件向公众开放体育设施；国家鼓励民办学校向公众开放体育设施。

县级人民政府对向公众开放体育设施的学校给予支持，为向公众开放体育设施的学校办理有关责任保险。

学校可以根据维持设施运营的需要向使用体育设施的公众收取必要的费用。

第二十九条 公园、绿地等公共场所的管理单位，应当根据自身条件安排全民健身活动场地。县级以上地方人民政府体育主管部门根据实际情况免费提供健身器材。

居民住宅区的设计应当安排健身活动场地。

第三十条 公园、绿地、广场等公共场所和居民住宅区的管理单位，应当对该公共场所和居民住宅区配置的全民健身器材明确管理和维护责任人。

第三十一条 国家加强社会体育指导人员队伍建设，对全民健身活动进行科学指导。

国家对不以收取报酬为目的向公众提供传授健身技能、组织健身活动、宣传科学健身知识等服务的社会体育指导人员实行技术等级制度。县级以上地方人民政府体育主管部门应当免费为其提供相关知识和技能培训，并建立档案。

国家对以健身指导为职业的社会体育指导人员实行职业资格证书制度。以对高危险性体育项目进行健身指导为职业的社会体育指导人员，应当依照国家有关规定取得职业资格证书。

第三十二条 企业、个体工商户经营高危险性体育项目的，应当符合下列条件，并向县级以上地方人民政府体育主管部门提出申请：

（一）相关体育设施符合国家标准；

（二）具有达到规定数量的取得国家职业资格证书的社会体育指导人员和救助人员；

（三）具有相应的安全保障制度和措施。

县级以上地方人民政府体育主管部门应当自收到申请之日起30日内进行实地核查，做出批准或者不予批准的决定。批准的，应当发给许可证；不予批准的，应当书面通知申请人并说明理由。

国务院体育主管部门应当会同有关部门制定、调整高危险性体育项目目录，经国务院批准后予以公布。

第三十三条 国家鼓励全民健身活动组织者和健身场所管理者依法投保有关责任保险。

国家鼓励参加全民健身活动的公民依法投保意外伤害保险。

第三十四条 县级以上地方人民政府体育主管部门对高危险性体育项目经营活动，应当依法履行监督检查职责。

第五章　法律责任

第三十五条　学校违反本条例规定的，由县级以上人民政府教育主管部门按照管理权限责令改正；拒不改正的，对负有责任的主管人员和其他直接责任人员依法给予处分。

第三十六条　未经批准，擅自经营高危险性体育项目的，由县级以上地方人民政府体育主管部门按照管理权限责令改正；有违法所得的，没收违法所得；违法所得不足 3 万元或者没有违法所得的，并处 3 万元以上 10 万元以下的罚款；违法所得 3 万元以上的，并处违法所得 2 倍以上 5 倍以下的罚款。

第三十七条　高危险性体育项目经营者取得许可证后，不再符合本条例规定条件仍经营该体育项目的，由县级以上地方人民政府体育主管部门按照管理权限责令改正；有违法所得的，没收违法所得；违法所得不足 3 万元或者没有违法所得的，并处 3 万元以上 10 万元以下的罚款；违法所得 3 万元以上的，并处违法所得 2 倍以上 5 倍以下的罚款；拒不改正的，由原发证机关吊销许可证。

第三十八条　利用健身活动从事宣扬封建迷信、违背社会公德、扰乱公共秩序、损害公民身心健康的行为的，由公安机关依照《中华人民共和国治安管理处罚法》的规定给予处罚；构成犯罪的，依法追究刑事责任。

第三十九条　县级以上人民政府及其有关部门的工作人员在全民健身工作中玩忽职守、滥用职权、徇私舞弊的，依法给予处分；构成犯罪的，依法追究刑事责任。

第六章　附　则

第四十条　本条例自 2009 年 10 月 1 日起施行。

附件 2：《全民健身指南》解读

一、背　景

进入 21 世纪以来，随着我国经济社会的快速发展，人们的工作和生活方式发生变化，居民身体活动量明显减少，身体活动不足是导致人体死亡的第四独立因素。

体育活动已经成为增强国民体质、提高健康水平最积极、最有效、最经济的生活方式。

我国政府高度重视体育活动在增强体质、提高健康水平中的重要作用。1995年，国务院颁布实施《全民健身计划纲要》；2007年，国务院下发《关于加强青少年体育增强青少年体质的意见》；2014年，国务院下发《关于加快发展体育产业促进体育消费的若干意见》；2016年，国务院印发《“健康中国2030”规划纲要》，对发展群众体育活动、倡导全民健身新时尚、推进健康中国建设做出了明确部署。

自1995年实施全民健身计划以来，我国群众体育事业蓬勃发展，各级体育行政部门积极落实《全民健身计划纲要》，青少年体育工作不断推进，体育活动意识明显增强；全国人均体育场馆面积达1.57平方米，经常参加体育活动的人口比例为33.9%；老年人体育活动形式丰富多彩，生活质量提高。第六次人口普查数据表明，全国人均预期寿命为74.9岁。体育活动成为强身健体重要手段的社会氛围已经形成。

然而，我们应当意识到，体育活动在增强国民体质、提高健康水平方面的作用尚未充分发挥，距离健康中国的要求还有较大差距。国家相关调查数据显示，虽然我国经常参加体育活动的人口比例逐年增加，但居民超重率和肥胖率也持续增加，青少年耐力、成年人肌肉力量与耐力、老年人肌肉力量等指标的变化并不乐观，心血管病、糖尿病等慢性非传染性疾病的发病率呈上升趋势，体育活动在促进健康领域的诸多研究成果尚未充分应用于实践，多数居民在参加体育活动时有很大的盲目性。体育健身活动在增强体质、防控疾病方面尚有很大提升空间。因此，亟待从国家层面发布权威性的体育健身活动指南，引导居民科学地从事体育健身活动。

《全民健身指南》针对中国居民参加体育健身活动状况实际，系统归纳、集成国家“十五”“十一五”“十二五”相关研究成果，基于中国居民运动健身的实测数据编制而成。主要包括体育健身活动效果、运动能力测试与评价、体育健身活动原则、体育健身活动指导方案等内容。

二、体育健身活动效果

我国古代就有通过导引术提高人体健康水平的文字记载。现代大量研究成果证实，经常参加体育健身活动可以有效地增强体质、防治疾病、提高学习和工作效率。

（一）增强体质，提高健康水平

体质是指在遗传性和获得性基础上表现出来的人体形态结构、生理功能和心理因素综合的、相对稳定的特征。体育健身活动可以提高人体的心肺功能、肌肉力量以及柔韧、平衡和反应能力，改善身体成分，从而达到增强体质、提高健康水平的效果。

1. 提高心肺功能

心肺功能是影响体质与健康的核心要素之一。心肺功能低下可导致过早死亡风险的增加。有规律的体育活动可以提高心脏收缩力量和肺活量，调节血压，改善血脂，对心肺功能产生良好的影响，明显提高青少年、中年人、老年人的心肺功能和健康水平。

2. 改善身体成分

身体成分是指构成身体的各种物质及其比例，一般常用身体脂肪含量和肌肉重量及其比值表示。研究证实，过多的身体脂肪，尤其是腹部脂肪增多可诱发心血管疾病、代谢性疾病等。以有氧运动为主的体育活动可增加脂肪消耗，降低身体脂肪含量，增加肌肉重量，改善身体成分。

3. 增加肌肉力量

力量练习可以提高肌肉力量和肌肉抗疲劳能力，促进青少年成长发育，使其体格更加强壮，预防因肌肉力量衰减出现的腰疼、肩颈痛等症状，提高身体平衡能力，防止老年人跌倒，维持骨骼健康，预防和延缓骨质疏松发生。

4. 提高柔韧性

柔韧性既是一种重要的运动技能，也是日常生活中重要的活动能力。有规律的牵拉练习可提高肌肉、韧带弹性，增加青少年身体活动范围，使身体姿态优美，减少肌肉拉伤，预防和治疗中老年人关节性疾病。

5. 提高幸福指数

体育健身活动是心理干预的有效手段。体育健身活动可增加人体愉悦感，使人精神放松，缓解压力，形成良好心理状态，获得生理和心理满足感，使青少年充满朝气、中老年人充满活力，提高幸福指数。

（二）防治疾病，提高生活质量

体育活动可以提高人体各器官功能水平，增强机体免疫力，防治疾病，特别是对防治慢性非传染性疾病效果明显。慢性非传染性疾病包括心血管病、糖尿病、骨质疏松症等，是危害我国居民健康的重要疾病。有规律的体育活动可以有效地控制慢性非传染性疾病的诱发因素，预防慢性非传染性疾病的发生，同时也是治疗慢性非传染性疾病的有效手段，能提高生活质量，减少由于生活方式不当、身体活动不足导致的过早死亡。

1. 心血管病

我国居民心血管病患病率呈持续上升趋势，心血管病死亡列城乡居民总死亡原因的首位。有规律的体育活动可以通过提高心脏功能和血管弹性、降低血压、减少炎症因子、调节血脂等途径，降低心血管病危险因素，有效预防心血管病发生，促进心血管病患者康复。

2. 糖尿病

糖尿病是常见的慢性疾病之一，以 2 型糖尿病最为常见。有规律的体育活动可以调节糖代谢，降低血糖，提高靶细胞对胰岛素的敏感性，有效地预防与治疗 2 型糖尿病，延缓并发症的发生、发展。体育活动可以增强糖尿病患者体质，提高糖尿病患者生活质量。

3. 超重和肥胖

超重和肥胖以体重增加为特征，通常用身体质量指数（又称 BMI，以下统称 BMI）表示。超重和肥胖与多种慢性疾病有关，包括高血压、冠心病、糖尿病、某些癌症和多种骨骼肌肉疾病等。预防和降低身体肥胖最有效的手段是体育活动和膳食平衡。体育活动是防控肥胖最积极的方法，可以帮助肥胖者控制体重、改善生理功能，防止减重后体重反弹，减少与肥胖相关的慢性疾病发生。

4. 骨质疏松

骨质疏松是以骨密度降低、骨组织微细结构变化，并伴随骨折易感性增加为特征的骨组织疾病。体育活动有助于增加骨量，改善骨骼结构，减缓由于年龄增大引起的骨量丢失，通过增强肌肉力量和平衡能力，预防跌倒，减少骨质疏松性骨折的发生风险。

5. 癌　症

癌症，也称恶性肿瘤，位列我国居民总死亡原因的第二位。体育活动可以降低乳腺癌、结肠癌、肺癌和前列腺癌等多种癌症的发病风险，减缓癌症患者术后的治疗疼痛，提高癌症患者的生存率和生活质量。世界卫生组织估计，有超过30%的癌症可以通过体育活动干预达到预防效果。

6. 抑郁症

抑郁症，也称抑郁性障碍。近年来，我国抑郁症发病率呈上升趋势。体育健身活动可以改变大脑的化学成分，引起良好的情绪和状态反应，有效地预防抑郁症发生，并对轻度至中度抑郁症患者有积极的干预效果。

（三）提高学习和工作效率

体育健身活动可以提高人的认知能力，使人集中精力。有规律的体育健身活动可减少抑制性神经递质的释放，延缓中枢疲劳，对神经系统产生良好影响，有助于提高青少年学习效率和学习成绩，延长成年人有效工作时间，提高工作效率。

三、运动能力测试与评价

运动能力是指人体从事体育活动所具备的能力。本指南的运动能力测试与评价包括单项运动能力测试与评价、综合运动能力评价。人体在从事体育活动前，应对运动能力相关指标进行全面测试与评价，以便科学地制定个性化体育活动方案。在从事体育活动的不同阶段，应定期进行运动能力测试，以客观评价体育活动效果，确保体育活动安全有效。

（一）单项运动能力测试与评价

单项运动能力测试包括有氧运动能力、肌肉力量、柔韧及平衡和反应能力测试等。单项运动能力评价采用5分制：5分为优秀，4分为良好，3分为中等，2分为较差，1分为差。

1. 有氧运动能力

有氧运动能力是反映人体长时间进行有氧运动的能力，与心肺功能密切相关。有氧运动能力强，表明心肺功能好。良好的有氧运动能力是身体健康的重要标志，经常参加体育活动，可以保持并提高人体的有氧运动能力。

最大摄氧量是评价有氧运动能力的重要指标。

2. 肌肉力量

肌肉力量是肌肉在紧张或收缩时所表现出来的克服或抵抗阻力的能力。肌肉力量测试指标包括握力、背力、俯卧撑、仰卧起坐、纵跳测试等。

3. 柔韧、平衡与反应能力

（1）柔韧是指身体活动时各个关节的活动幅度以及跨过关节的韧带、肌腱、肌肉、皮肤等组织的弹性、伸展能力。良好的柔韧性可以增加运动幅度，减少运动损伤。

（2）平衡是指维持身体姿势的能力或控制身体重心的能力。平衡能力是静态与动态活动的基础。良好的平衡能力可以有效地预防因跌倒引起的各种损伤。

（3）反应能力是指人体中枢神经系统接受一定指令或刺激后，有意识地控制骨骼肌肉系统的快速运动能力，体现了神经与肌肉系统的协调性。

（二）综合运动能力评价

心肺功能是影响人体健康的最重要因素之一，有氧运动能力与心肺功能密切相关，因此，将有氧运动能力排在综合运动能力评价体系的首位，其权重为40%。

肥胖可诱发多种慢性疾病，成为公共健康的重要危险因素。BMI是反映身体肥胖程度的指标。鉴于BMI在体质与健康评价体系中的重要作用，且对运动能力有明显影响，因此，将BMI列入综合运动能力评价体系中，其权重为20%。

BMI计算公式为：体重（千克）除以身高（米）的平方［BMI = 体重（千克）/身高^2（米^2）］。中国人BMI的正常范围为大于18.5，小于24，BMI等于或大于24为超重，等于或大于28为肥胖。

肌肉力量与运动能力、生活质量密切相关，其权重为20%。柔韧能力、平衡能力和反应能力的权重分别为10%、5%和5%。

根据不同单项运动能力指标在综合运动能力评价中的权重与系数，计算综合运动能力得分，计算方法为：

综合运动能力得分 = 有氧运动能力得分 ×8 + 肌肉力量得分 ×4 + BMI得分 ×4 + 柔韧性得分 ×2 + 平衡能力得分 ×1 + 反应能力得分 ×1。

综合运动能力评价采用4级评定：85分及以上为优秀、75分及以上为良好、60分及以上为合格、小于60分为较差。

四、体育健身活动原则

从事体育健身活动，必须遵循以下原则，养成良好的体育健身活动习惯。

（一）安全性原则

安全性原则是指在体育健身活动过程中，要确保体育活动者不出现或尽量避免发生运动伤害事故，这是参加体育健身活动的首要原则。开始体育健身活动前，应进行身体检查，全面评价个人身体状况和运动能力，制定适合自己特点的体育健身活动方案。体育健身活动前要做好充分的准备活动，体育健身活动后要做好整理和放松活动。

（二）全面发展原则

全面发展原则是指在体育健身活动中，要使身体各部位都参与运动，使各器官系统的机能水平普遍得到提高，既要提高心肺功能和免疫能力，又要提高肌肉力量、柔韧性等身体素质。因此，要选择全身主要肌群参与的体育健身活动项目，取得全面发展效果。

（三）循序渐进原则

循序渐进原则是指科学地、逐步地增加体育健身活动时间和运动强度。循序渐进原则强调要根据自己对体育健身活动的适应程度，逐渐增加运动负荷，使身体机能和运动能力不断提高，以取得最佳体育健身活动效果。

（四）个性化原则

个性化原则是指根据每个人的遗传特征、机能特点和运动习惯，制订个性化的运动健身方案。在制订运动健身方案时，要进行必要的医学检查和运动能力测试，以便了解每个人的具体情况，使运动健身方案更具个性化特征。

五、体育健身活动方案要素

制订体育健身活动方案，主要考虑体育健身活动方式、体育健身活动强度和体育健身活动时间三个基本要素。

（一）体育健身活动方式

体育健身活动方式是体育健身活动者采用的具体健身手段和健身方法。根据不同体育健身活动方式的运动特征，可以将体育健身活动项目归纳为有氧运动、力量练习、球类运动、中国传统运动方式、牵拉练习五大类。

1. **有氧运动**

有氧运动是指人体在氧气供应充足的条件下，全身主要肌肉群参与的节律性周期运动。进行有氧运动时，全身主要肌肉群参与工作，可以全面提高人体机能，是目前国内外最受欢迎的体育活动方式。有氧运动分为中等强度运动和大强度运动。中等运动强度主要包括健身走、慢跑（6～8 千米/小时）、骑自行车（12～16 千米/小时）、登山、爬楼梯、游泳等；大强度运动主要包括跑步（8 千米/小时以上）、骑自行车（16 千米/小时以上）等。中等强度的有氧运动节奏平稳，是中老年人最安全的体育活动方式。

人们在进行体育健身活动时，应将有氧运动作为基本的体育活动方式，以提高心肺功能、减轻体重、调节血压、改善血脂为主要目的的体育锻炼者，可首选有氧运动方式。

2. **力量练习**

力量练习是指人体克服阻力、提高肌肉力量的运动方式。力量练习包括非器械力量练习和器械力量练习。非器械练习是指克服自身阻力的力量练习，包括俯卧撑、原地纵跳、仰卧起坐等；器械力量练习是指人体在各种力量练习器械上进行的力量练习。

力量练习可以提高肌肉力量，增加肌肉体积，发展肌肉耐力，促进骨骼发育和骨健康。青少年进行力量练习，可以明显改善自身体质，使身体更加强壮；成年以后，随着年龄的增长，力量练习应逐年增加；老年人进行力量练习，可以提高平衡能力，防止由于身体跌倒导致的各种意外伤害。

3. **球类运动**

球类运动包括直接身体接触的球类运动和非直接身体接触的球类运动。前者包括篮球、足球、橄榄球、曲棍球、冰球等；后者包括排球、乒乓球、羽毛球、网球、门球、柔力球等。

球类运动的趣味性强，可通过比赛和对抗提高参与者的运动兴趣。球类运动都具有一定的专项技术要求，需要良好的身体素质作为基础。经常参加球类运动可以提高机体的心肺功能、肌肉力量和反应能力，调节心理状态，是青少年首选的体育活动项目。

4. **中国传统运动方式**

中国传统运动方式包括武术、气功等。其具体活动形式包括太极拳（剑）、木兰拳（剑）、武术套路、五禽戏、八段锦、易筋经、六字诀等。

中国传统运动健身方式动作平缓，柔中带刚，强调意念与身体活动相结合，具有独特的健身养生效果。可以提高人体的心肺功能、平衡能力，改善神经系统功能，调节心理状态，且安全性好。

以提高身体平衡能力、柔韧性、协调性和改善心肺功能、调节心理状态为主要健身目的的人，特别是中老年人群，可以选择中国传统运动健身方式。

5. 牵拉练习

牵拉练习包括静力性牵拉练习和动力性牵拉练习。各种牵拉练习可以增加关节的活动幅度，提高运动技能，减少运动损伤。

静力性牵拉包括正压腿、侧压腿、压肩等；动力性牵拉包括正踢腿、侧踢腿、甩腰等。初参加体育健身活动的人，应以静力性牵拉练习为主，随着柔韧能力的提高，逐渐增加动力性牵拉练习内容。

不同体育活动方式的健身效果见表 1。

表 1　不同体育活动方式的健身效果

体育活动类别	体育活动方式	健身效果
有氧运动（中等强度）	健身走、慢跑（6～8 千米/小时）、骑自行车（12～16 千米/小时）、登山、爬楼梯、游泳等	改善心血管功能、提高呼吸功能、控制与降低体重、增强抗疾病能力、改善血脂、调节血压、改善糖代谢
有氧运动（大强度）	快跑（8 千米/小时以上）、骑自行车（16 千米/小时以上）	提高心肌收缩力量和心脏功能，进一步改善免疫功能
球类运动	篮球、足球、橄榄球、曲棍球、冰球、排球、乒乓球、网球、门球、柔力球等	提高心肺功能、提高肌肉力量、提高反应能力、调节心理状态
中国传统运动	太极拳（剑）、木兰拳（剑）、武术套路、五禽戏、八段锦、易筋经、六字诀等	提高心肺功能、增强免疫机能、提高呼吸功能、提高平衡能力、提高柔韧性、调节心理状态
力量练习	非器械练习：俯卧撑、原地纵跳、仰卧起坐等 器械练习：各类综合力量练习器械、杠铃、哑铃等	提高肌肉体积、提高肌肉力量、提高平衡能力、保持骨健康、预防骨质疏松
牵拉练习	动力性牵拉：正踢腿、甩腰等 静力性牵拉：正压腿、压肩等	提高关节活动幅度和平衡能力、预防运动损伤

根据运动健身目的推荐体育活动方式：

——以增强体质、强壮身体为主要目的的体育锻炼者，应选择自己喜欢的、可以长期坚持的体育健身活动方式，如有氧运动、球类运动和中国传统健身运动等。

——以提高心肺功能为主要目的的体育锻炼者，应选择有氧运动、球类运动等全身肌肉参与的体育健身活动。

——以减控体重为主要目的的体育锻炼者，应选择长时间的有氧运动。长时间、中等强度的体育健身活动可以增加体内脂肪消耗，减少脂肪含量。长时间快步走、慢跑、骑自行车等是减控体重的理想运动方式。

——以调节心理状态为主要目的的体育锻炼者，应选择各种娱乐性球类运动和太极拳、气功等中国传统运动方式，以缓解心理压力，改善睡眠。

——以增加肌肉力量为主要目的的体育活动者，可根据自身健身需求和健身条件，选择器械性力量练习和非器械性力量练习方式。力量练习的效果与力量负荷和重复次数有关，一般大负荷、少重复次数的力量练习主要发展肌肉力量，小负荷、多重复次数的力量练习主要发展肌肉耐力。

——以提高柔韧性为主要目的的体育锻炼者，可选择各种牵拉练习，特别是在准备活动和放松活动阶段进行牵拉练习，既可以节省体育锻炼时间，又可以取得较好的健身效果。各种有氧健身操、健美操、太极拳、健身气功、瑜伽等运动可以提高柔韧性。

——以提高平衡能力为主要目的的体育锻炼者，可选择各种专门平衡训练方法，包括坐位平衡能力练习、站位平衡能力练习和运动平衡能力练习。太极拳（剑）、乒乓球、羽毛球、网球、柔力球等运动也可以提高人体的平衡能力。

——以提高反应能力为主要目的的体育锻炼者，可选择各种球类运动，乒乓球、羽毛球、篮球、足球、网球等均可提高人体反应能力。

根据运动健身目的推荐的体育活动方式见表2。

表2　根据运动健身目的推荐的体育活动方式

健身目的	推荐体育活动方式
增强体质、强壮身体	有氧运动、球类运动和中国传统运动等
提高心肺功能	有氧运动、球类运动等
减控体重	长时间有氧运动
调节心理健康	球类运动、中国传统运动方式
增加肌肉力量	各种力量练习
提高柔韧性	各种牵拉练习
提高平衡能力	中国传统运动方式、球类运动、力量练习
提高反应能力	各种球类运动

（二）体育健身活动强度

体育健身活动强度是制定体育健身活动方案的重要内容。强度过小，没有明显的健身效果；强度过大，不仅对健身无益，还可能造成运动伤害。

1. 体育健身活动强度划分

体育健身活动强度可划分为小强度、中等强度和大强度3个级别。

小强度运动对身体的刺激作用较小，运动过程中心率一般不超过100次/分，如散步等。

中等强度运动对身体的刺激强度适中，运动过程中心率一般在100～140次/分，如健步走、慢跑、骑自行车、太极拳、网球双打等。

大强度运动对身体的刺激强度较大，可进一步提高健身效果。运动中心率超过140次/分，如跑步、快速骑自行车、快节奏的健身操和快速爬山、登楼梯、网球单打等。

有良好运动习惯、体质好的人，可进行大强度、中等强度运动；具有一定运动习惯、体质较好的人，可采用中等强度运动；初期参加体育健身活动或体质较弱的人，可进行中等或小强度运动。体育锻炼者在实施体育健身活动方案时，可根据自身情况，科学调整运动强度，以适应个体状况。

2. 体育健身活动强度监测

监测体育健身活动强度的指标有运动中心率、运动中呼吸变化和运动中自我感觉等。

（1）用心率监测体育健身活动强度。

体育健身活动强度越大，机体和心脏对运动刺激反应越明显，心率越快。一般常用最大心率百分数和运动中的实测心率监测体育运动强度。

最大心率是指人体运动过程中所能达到的最快心跳频率，用次/分表示。测定最大心率的方法有直接测定法和间接推测法。直接测定要在专门的测试机构采用递增负荷运动测试，需要专门的运动测试仪器和器材。

人体的最大心率与年龄有关，采用下列公式可以推算正常人群的最大心率：最大心率（次/分）=220－年龄（岁）。

体育健身活动时，心率在85%或以上最大心率，相当于大强度运动；心率控制在60%～85%最大心率范围，相当于中等强度运动；心率控制在50%～60%最大心率范围，相当于小强度运动。

在体育健身活动过程中，当实测心率达到140次/分以上时，相当于大强度运动；心率在100～140次/分范围，相当于中等强度运动，心率低于100次/分，相当于小强度运动。

（2）用呼吸监测体育健身活动强度。

体育健身活动引起人体呼吸频率和呼吸深度变化，可以根据运动中的呼吸变化监测运动强度。

①呼吸轻松：与安静状态相比，运动时呼吸频率和呼吸深度变化不大，呼吸平稳，可以唱歌。这种呼吸状态下的运动心率一般在100次/分以下，相当于小强度运动。

②呼吸比较轻松：运动中呼吸深度和呼吸频率增加，可以正常语言交流。运动心率相当于100～120次/分，为中小强度运动。

③呼吸比较急促：运动中只能讲短句子，不能完整表述长句子。运动心率相当于130～140次/分，为中等强度运动。

④呼吸急促：运动中呼吸困难，运动中不能用语言交谈。运动心率一般超过140次/分，为大强度运动。

（3）用主观体力感觉监测体育健身活动强度。

人体运动过程中的主观体力感觉可分为6～20个等级，小强度运动的主观体力感觉为轻松（9～10级），中等强度运动的主观体力感觉为稍累（13～14级），大强度运动的主观体力感觉为累（15～16级）。

主观体力感觉等级与心率密切相关，运动过程中的主观体力感觉等级数乘以10，即相当于运动中的心率（次/分）。如运动中主观体力感觉等级数为12，即相当于运动中的心率为120次/分。

体育锻炼者可以通过主观体力感觉控制运动强度。一般来讲，在进行中等强度有氧运动时，主观体力感觉为轻松或稍累。

体育健身活动强度划分与监测运动强度指标见表3。

表3　体育健身活动强度划分与监测运动强度指标

运动强度	心率/（次/分）	呼吸
小强度	<100	平稳
中等强度	100～140	比较急促
大强度	>140	急促

3. 力量练习强度与健身效果

力量练习的负荷重量越大，表示运动强度越大。在进行力量练习时，常采用最大重复负荷（RM）表示负荷强度的大小。最大重复负荷是指在肌肉力量练习时，采用某种负荷时所能重复的最多力量练习次数。如一个人在做哑铃负重臂屈伸时，其最大负荷为20千克，且只能重复1次，那么，20千克就是他的负重臂屈伸的1次最大重复负荷（1RM）。如果他能以15千克的负荷最多重复8次负重臂屈伸，那么，15千克就是他负重臂屈伸的8次最大重复负荷（8RM）。在非器械力量练习时，一个人可以完成8次俯卧撑，相当于8RM，以此类推。

力量练习负荷强度可划分为小强度、中等强度和大强度3个级别，力量练习强度与健身效果密切相关。

大强度力量练习，相当于1～10RM，每种负荷重量的重复次数为1～10次，每个部位重复2～3组，组与组间歇时间为2～3分钟。大强度力量练习主要用于提高肌肉最大收缩力量。

中等强度力量练习，相当于11～20RM，每种负荷重量的重复次数为10～20次，每个部位重复3组，组与组间歇时间为1～2分钟。中等强度力量练习可以用于提高肌肉力量、增加肌肉体积。

小强度力量练习，相当于20RM或以上，每种负荷重量重复20次以上，每个部位重复2组，组与组间歇时间为1分钟。小强度力量练习主要用于发展肌肉耐力。

（三）体育健身活动时间

每次体育健身活动时间直接影响体育健身活动效果。运动时间过短，提高身体机能效果甚微；而运动时间过长，则容易造成疲劳累积，也不会进一步增加健身效果。对于经常参加体育锻炼的人，每天有效体育健身活动时间为30~90分钟。在参加体育健身活动的初期，运动时间可稍短；经过一段时间体育健身活动，身体对运动产生适应后，可以延长运动时间。每天体育健身活动可集中一次进行，也可分开多次进行，每次体育健身活动时间应持续10分钟以上。

有体育健身活动习惯的人每周应运动3~7天，每天应进行30~60分钟的中等强度运动，或20~25分钟的大强度运动。为了取得理想的体育健身活动效果，每周应进行150分钟以上的中等强度运动或75分钟以上的大强度运动；如果有良好的运动习惯，且运动能力测试综合评价为良好以上的人，每周进行300分钟中等强度运动或150分钟大强度运动，健身效果更佳。

六、一次体育健身活动的内容与安排

一次完整体育健身活动内容应包括准备活动、基本活动和放松活动3个部分，见表4。

表4　一次完整体育健身活动内容

活动构成	主要活动内容	活动时间/分钟
准备活动	慢跑、牵拉练习	5~10
基本活动	有氧运动力量练习、球类活动、中国传统健身方式	30~60
放松活动	行走、牵拉练习	5~10

（一）准备活动

准备活动是指主要体育健身活动开始前的各种身体练习。准备活动的主要作用是预先动员心肺、肌肉等器官系统的机能潜力，以适应即将开始的各种健身活动，获得最佳运动健身效果，并有效地预防急性和慢性运动伤害。

准备活动的时间一般为5～10分钟，主要包括两方面内容：一是进行适量的有氧运动，如快走、慢跑等，使身体各器官系统“预热”，提前进入工作状态；二是进行各种牵拉练习，增加关节活动度，提高肌肉、韧带等软组织弹性，预防肌肉损伤。

（二）基本活动

基本活动是体育锻炼的主要运动形式，包括有氧运动、力量练习、球类运动、中国传统运动健身方式等，持续时间一般为30～60分钟。在一次体育健身活动中，需要选择合适的运动方式、控制适宜的运动强度和运动时间。在一周的体育健身活动安排中，体育健身活动者可以根据自身情况安排不同的体育健身活动方式和运动强度。不同体育健身活动方式的运动强度、持续时间和运动频率安排见表5。

表5　不同体育健身活动方式的运动强度、持续时间和运动频率

运动项目	运动强度	运动时间/分钟	运动频率/（天/周）
快走、慢跑、自行车	中	30或以上	5～7
跑步、快节奏健美操	大	20或以上	2～3
太极拳、气功	中	30或以上	3～7
篮球、足球、网球、羽毛球、乒乓球	中、大	30或以上	3
力量练习	中	20或以上	2～3
牵拉练习	-	5～10	5～7

（三）放松活动

放松活动是指主要运动健身活动后进行的各种身体活动，包括行走（或慢跑）等小强度活动和各种牵拉练习。体育健身活动后，做一些适度放松活动有助于消除疲劳，减轻或避免身体出现一些不舒服症状，使身体各器官系统机能逐渐从运动状态恢复到安静状态。做一些牵拉性练习有利于提高身体柔韧性。

七、不同阶段体育健身活动方案

（一）初期体育健身活动方案

刚参加体育健身活动的人，运动负荷要小，每次体育健身活动的持续时间相对较短，使身体逐渐适应运动负荷，运动能力逐步提高。刚开始体育健身活动计划时，应选择自己喜欢或与健身目的相符的体育健身活动方式。运动后要有舒适的疲劳感，疲劳感觉在运动后第二天基本消失。

体育健身活动初期，增加运动负荷的原则是先增加每天的运动时间，再增加每周运动的天数，最后增加运动强度。

初期体育健身活动的时间约为 8 周，具体方案为：

（1）运动方式：中等强度有氧运动、球类运动、中国传统运动方式、柔韧性练习。

（2）运动强度：55% 最大心率，逐渐增加到 60%。

（3）持续时间：每次运动 10～20 分钟，逐渐增加到 30～40 分钟。

（4）运动频度：3 天/周，逐渐增加到 5 天/周。

初期体育健身活动方案举例见表 6。

表 6　初期体育健身活动方案举例

<table>
<tr><td>活动内容</td><td>星期一</td><td>星期二</td><td>星期三</td><td>星期四</td><td>星期五</td><td>星期六</td><td>星期日</td></tr>
<tr><td>有氧运动</td><td rowspan="3">休息</td><td>走步 1 000 米</td><td rowspan="3">休息</td><td>蹬车 3 000 米，心率 100 次/分以下</td><td rowspan="3">休息</td><td>郊游或登山 30 分钟</td><td rowspan="3">休息</td></tr>
<tr><td>力量练习</td><td></td><td></td><td></td></tr>
<tr><td>基本描述</td><td>轻度牵拉</td><td>轻度牵拉</td><td>轻度牵拉</td></tr>
<tr><td>基本描述</td><td colspan="7">一般持续时间为 8 周，每周运动 3 天，每次 10～20 分钟有氧运动，3～5 分钟牵拉。每 2 周运动递增 3～5 分钟。第 8 周时，运动时间增加到 30～40 分钟</td></tr>
<tr><td>自我感受与评价</td><td colspan="7">运动后有舒适感，精神愉悦</td></tr>
</table>

（二）中期体育健身活动方案

从事 8 周体育健身活动后，人体基本适应运动初期的运动负荷，身体机能和运动能力有所提高，可进入中期体育健身活动阶段。在这一阶段，继续增加运动强度和运动时间，中等强度有氧运动时间逐渐增加到每周 150 分钟或以上，使机体能够适应中等强度有氧运动。中期体育健身活动的时间约为 8 周，具体方案为：

（1）运动方式：保持初期的体育健身活动方式；适当增加力量练习。

（2）运动强度：有氧运动强度由 60% ~65% 最大心率，逐渐增加到 70% ~80% 最大心率；每周可安排 1 次无氧运动，力量练习采用 20RM 以上负荷，重复 6 ~ 8 次。

（3）持续时间：每次运动 30 ~ 50 分钟；如安排无氧运动，每次运动 10 ~ 15 分钟；每周 1 ~ 2 次力量练习，每次 6 ~ 8 种肌肉力量练习，各重复 1 ~ 2 组，进行 5 ~ 10 分钟牵拉练习。

（4）运动频度：3 ~ 5 天/周。

在这一阶段，体育健身活动方案基本固定，逐步过渡到长期稳定的体育健身活动方案。中期体育健身活动方案举例见表 7。

表 7　中期体育健身活动方案举例

<table>
<tr><th>活动内容</th><th>星期一</th><th>星期二</th><th>星期三</th><th>星期四</th><th>星期五</th><th>星期六</th><th>星期日</th></tr>
<tr><td>有氧运动</td><td rowspan="3">休息</td><td>走步 1 000 米，慢跑 2 000 米，最大心率 130 ~ 140 次/分</td><td>快走 3 000 米，心率 110 ~ 120 次/分</td><td></td><td rowspan="3">休息</td><td>郊游或登山 45 分钟</td><td>快走 3 000 米，或蹬车 10 千米，心率 110 ~ 120 次/分</td></tr>
<tr><td>力量练习</td><td></td><td></td><td>力量练习，4 个部位，20 ~ 301RM</td><td></td><td></td></tr>
<tr><td>牵拉练习</td><td>牵拉练习</td><td>牵拉练习</td><td>牵拉练习</td><td>牵拉练习</td><td>牵拉练习</td></tr>
<tr><td>基本描述</td><td colspan="7">一般持续时间为 8 周，每周运动 3 ~ 5 天，每次 30 ~ 40 分钟，其中有氧运动 2 ~ 4 天，力量练习 1 ~ 2 天，2 周运动后牵拉 5 ~ 10 分钟</td></tr>
<tr><td>自我感受与评价</td><td colspan="7">运动后有舒适感，精神愉悦，体力增强；完成同样强度运动，身体感觉轻松</td></tr>
</table>

（三）长期体育健身活动方案

当身体机能达到较高水平、养成良好体育健身活动习惯后，应建立长期稳定、适合自身特点的体育健身活动方案。长期稳定的体育健身活动至少应包括每周进行200～300分钟的中等强度运动，或75～150分钟的大强度运动；每周进行2～3次力量练习，不少于5次的牵拉练习。具体方案为：

（1）运动方式：保持体育健身活动中期的运动方式。

（2）运动强度：中等强度运动相当于60%～80%最大心率，大强度运动达到80%以上最大心率；力量练习采用10～20RM负荷，重复10～15次；各种牵拉练习。

（3）持续时间：每次中等强度运动30～60分钟，或大强度无氧运动15～25分钟，或中等、大强度交替运动方式；8～10种肌肉力量练习，各重复2～3组，每次进行5～10分钟牵拉练习。

（4）运动频度：运动5～7天/周，大强度运动每周不超过3次。

长期体育健身活动方案举例见表8。

表8　长期体育健身活动方案举例

活动内容	星期一	星期二	星期三	星期四	星期五	星期六	星期日
有氧运动	休息	走步1 500米，跑3 000～4 000米，最大心率140～150次/分		快走4 000米或蹬车15千米，心率100～120次/分	快走1 000米	郊游或登山60分钟	快走4 000米，心率140～150次/分
力量练习			6～8个部位，20次，301RM，每个部位2～3组	力量练习，4个部位，20～301RM	6～8个部位，12～201RM，每个部位2～3组		
牵拉练习		牵拉练习	牵拉练习	牵拉练习	牵拉练习	牵拉练习	牵拉练习
基本描述	相对稳定的长期体育健身活动方案，每周3～7天，每周3～7天中等强度运动，1～2天大强度运动，每次运动30～60分钟，每周1～2次力量练习，每次运动后10分钟牵拉						
自我感受与评价	运动后有舒适感，精神愉悦，体力增强；有氧运动能力、肌肉力量和柔韧能力不同程度提高，完成同样运动，身体感觉轻松						

附件3：国家体育锻炼标准施行办法

基本内容

第一章　总　则

第一条　为了鼓励和推动人民群众，特别是青少年、儿童积极参加体育锻炼，以增强体质，提高运动技术水平，培养共产主义道德品质，更好地为社会主义现代化建设和保卫祖国服务，制定本办法。

第二条　本办法规定的体育锻炼标准在学校中全面施行，机关、团体、事业单位和城市街道、农村乡镇可以根据条件施行。国家体育运动委员会可以根据本办法的原则，会同有关部门制定军人、职工体育锻炼标准，分别在军队、工矿企业中施行。

第三条　本办法的施行工作，由体育运动委员会主管。各级体育运动委员会应当会同教育等有关部门督促所属基层单位有计划、有组织地施行。卫生部门应当负责卫生医务监督工作。

学校应当把体育锻炼标准的施行工作同体育课、课外活动紧密结合，并纳入学校工作计划。

第四条　施行单位应当根据需要和可能设置体育场地、器材、设备。各地体育场（馆）应当创造条件建立辅导站和测验站，为体育锻炼参加者提供方便。

第二章　分组和项目

第五条　体育锻炼按年龄（学生按年级和学段）分为4个组：

（一）儿童组：9~12岁（小学3~6年级）；

（二）少年乙组：13~15岁（初中）；

（三）少年甲组：16~18岁（高中）；

（四）成年组：19岁以上（大学）。

第六条　体育锻炼、测验的项目设五类（锻炼测验项目表附后）。

第三章 测验及标准

第七条 施行单位应当组织参加者在经常锻炼的基础上按照测验规则进行测验。测验规则由国家体育运动委员会制定公布。

第八条 参加者必须按所属组别，从每类项目中各选择一项参加测验。五类项目的测验必须在一年内完成。一年的起止期，学生自秋季开学至第二年暑假结束日，其他人员自每年 1 月 1 日至 12 月 31 日。

第九条 测验成绩采用百分制评分法。根据参加者完成五类项目测验后的总分确定其达标等级。测验成绩评分表由国家体育运动委员会制定公布。

第十条 达标等级分及格、良好、优秀三级：

及格级标准：250 分至 345 分。

良好级标准：350 分至 415 分。

优秀级标准：420 分至 500 分。

第十一条 参加者有下列情况之一，不计其达标等级：

（一）未能在一年内完成规定的五类项目测验；

（二）有一类项目的测验成绩低于 30 分。

第四章 奖 励

第十二条 施行本办法成效显著的单位和工作人员，由该单位的领导机关给予表彰。

第十三条 凡是达到达标等级标准的高考考生，在与其他考生同等条件下，优先录取。

第十四条 对达到优秀级标准者发给证书，连续 2 年以上（学校为一个学段）达到优秀级标准者发给奖章。

优秀级标准证书、奖章由国家体育运动委员会统一制定，委托地方各级体育运动委员会或者有关部门发给。

第五章 附 则

第十五条 本办法自发布之日起施行。1982 年 8 月 27 日发布的《国家体育锻炼标准》同时废止。

《国家体育锻炼标准》锻炼测验项目表

第一类

儿童组　50 米跑；25 米计时往返跑；10 秒 25 米往返跑（以上男女同）。

少年乙组　50 米跑；25 米计时往返跑；10 秒 25 米往返跑 100 米跑（男女同）。

少年甲组　50 米跑；25 米计时往返跑；10 秒 25 米往返跑 100 米跑（男女同）。

成年组　50 米跑；100 米跑（男女同）。

第二类

儿童组　1 分钟跳绳（9 ~ 10 岁）；400 米跑；2 分钟 25 米往返跑；100 米游泳；500 米滑冰（以上 11 ~ 12 岁）（以上男女同）。

少年乙组　1 000 米跑；1 500 米跑（以上男）；800 米跑（女）；3 分钟 25 米往返跑；200 米游泳；1 000 米滑冰（以上男女同）。

少年甲组　1 000 米跑；1 500 米跑（以上男）；800 米跑（女）；4 分钟 25 米往返跑；200 米游泳（以上男女同）滑冰（男 1 500 米、女 1 000 米）。

成年组　1 500 米跑；1 000 米跑；1 500 米滑冰（以上男）；800 米跑；1 000 米滑冰（以上女）；200 米游泳（以上男女同）。

第三类

儿童组　跳远；跳高；立定跳远（以上男女同）。

少年乙组　跳远；跳高；立定跳远（以上男女同）。

少年甲组　跳远；跳高；立定跳远（以上男女同）。

成年组　跳远；跳高；立定跳远（以上男女同）。

第四类

儿童组　掷垒球（25. 42 厘米）；掷沙包（0. 25 公斤）（以上男女同）。

少年乙组　掷实心球（2 公斤）；推铅球（3 公斤）（以上男女同）。

少年甲组　掷实心球（男女均 2 公斤）；推铅球（男 5 公斤、女 4 公斤）。

成年组　掷实心球（男女均 2 公斤）；推铅球（男 5 公斤、女 4 公斤）。

第五类

儿童组　爬竿；1 分钟仰卧起坐（以上男女同）；引体向上（男）；1 分钟仰卧起坐（女）；举重物（男 20 公斤、女 12、5 公斤）。

少年乙组 引体向上（男）；1 分钟仰卧起坐（女）；举重物（男 15 公斤、女 10 公斤）。

少年甲组 引体向上（男）；1 分钟仰卧起坐（女）；举重物（男 20 公斤、女 12.5 公斤）。

成年组 引体向上（男）；1 分钟仰卧起坐（女）；举重物（男 20 公斤、女 12.5 公斤）。

附件 4：社会体育指导员管理办法

国家体育总局令

第 16 号

《社会体育指导员管理办法》已于 10 月 9 日经国家体育总局第 20 次局长办公会审议通过，现予以公布，并于 11 月 9 日起施行。

国家体育总局局长　刘　鹏

二〇一一年十月九日

社会体育指导员管理办法

第一章　总　则

第一条

为了促进社会体育指导员队伍发展，规范社会体育指导员工作，发挥社会体育指导员在全民健身活动中的作用，根据《中华人民共和国体育法》《全民健身条例》，制定本办法。

第二条

本办法所称社会体育指导员，是指不以收取报酬为目的，向公众提供传授健身技能、组织健身活动、宣传科学健身知识等全民健身志愿服务（以下简称志愿服务），并获得技术等级称号的人员。

第三条

国家对社会体育指导员实行技术等级制度。

社会体育指导员技术等级称号由低到高分为：三级社会体育指导员、二级社会体育指导员、一级社会体育指导员、国家级社会体育指导员。

第四条

各级体育主管部门应当组织和推动社会力量支持社会体育指导员开展志愿服务，依法保护社会体育指导员的合法权益，加强社会体育指导员工作的宣传，扩大社会体育指导员工作的社会影响，对取得显著成绩的社会体育指导员给予表彰、奖励。

第二章　组织管理

第五条

国家体育总局主管全国的社会体育指导员工作。县级以上地方体育主管部门负责本行政区域内社会体育指导员工作。

各级体育主管部门应当将社会体育指导员工作纳入体育工作规划，列入工作考核评价体系，为社会体育指导员开展志愿服务提供保障，依法对社会体育指导员工作进行管理、指导、监督。

社会体育指导员由其开展志愿服务所在地的县级体育主管部门实行属地管理。

第六条

各级体育主管部门可以委托社会体育指导员协会等群众性体育组织和基层文化体育组织（以下简称委托的组织），承担社会体育指导员管理的具体工作。

具有较好社会体育指导员工作条件和能力的全国性和省级行业、单项体育协会，经向国家体育总局和省级体育主管部门申请并获得批准（以下简称经批准的协会），可负责相应等级社会体育指导员培训、审批等工作。

第七条

建立全国性和地方性社会体育指导员协会。

社会体育指导员协会应当依据法律、法规和协会章程，加强社会体育指导员队伍建设，为社会体育指导员提供服务，反映社会体育指导员需求，维护社会体育指导员的权益，承担体育主管部门委托的社会体育指导员管理工作。

社会体育指导员自愿加入开展志愿服务所在地的社会体育指导员协会。

第八条

各级各类体育组织和国家机关、企业事业单位和其他组织应当支持社会体育指导员开展志愿服务，并提供条件和便利。

第三章 培训教育

第九条

社会体育指导员培训教育分为技术等级培训和继续培训。

培训教育费用由各级体育主管部门或经批准的协会承担。

第十条

国家体育总局制定社会体育指导员技术等级培训大纲，组织编写培训教材，确定培训办法。

地方各级体育主管部门和经批准的协会可根据实际需要，组织编写补充培训教材，并报上一级体育主管部门备案。

对社会体育指导员传授的体育项目有技能标准要求的全国性单项体育协会负责编写该体育项目技能培训大纲和技能培训教材，制定该体育项目的技能标准，报国家体育总局批准后执行。

第十一条

社会体育指导员培训教育工作由社会体育指导员培训基地承担。

各级体育主管部门和经批准的协会应当在体育教育机构中批准设立相应等级的社会体育指导员培训基地，并对培训基地开展培训教育工作情况进行指导、监督、评估。

第十二条

地方各级体育主管部门、经批准的协会或委托的组织应当对报名参加社会体育指导员技术等级培训的人员进行审查，对符合条件的人员进行培训，对培训合格人员颁发证书。

各级体育主管部门、经批准的协会和委托的组织应当每年举办一次以上社会体育指导员继续培训，并举办社会体育指导员工作交流和展示活动，提高社会体育指导员的思想素质和业务能力，为参加人员颁发证书或证明。

第四章 申请审批

第十三条

开展志愿服务并符合条件的人员，均可依照本办法的规定，申请授予或晋升相应的社会体育指导员技术等级称号。

第十四条

各级体育主管部门或经批准的协会按照社会体育指导员技术等级标准，批准授予相应等级社会体育指导员称号：

（一）县级体育主管部门批准授予三级社会体育指导员技术等级称号；

（二）地（市）级体育主管部门或经批准的省级协会批准授予二级社会体育指导员技术等级称号；

（三）省级体育主管部门或经批准的全国性协会批准授予一级社会体育指导员技术等级称号；

（四）国家体育总局批准授予国家级社会体育指导员技术等级称号。

第十五条　申请授予或晋升社会体育指导员技术等级称号的人员，应当向开展志愿服务所在地的县级体育主管部门、经批准的省级协会或委托的组织提交下列材料：

（一）申请书；

（二）社会体育指导员技术等级培训合格证书，或高等体育专业学历，体育教师、职业社会体育指导员、教练员、优秀运动员资质证书；

（三）所在单位或体育组织的推荐书；

（四）申请晋升的，需提交原技术等级证书；

（五）单项体育协会对申请人所传授的体育项目有技能标准要求的，需提交该体育项目的技能培训合格证书；

（六）参加继续培训、工作交流和展示活动的证书或证明。

第十六条　受理社会体育指导员技术等级称号申请的县级体育主管部门、经批准的省级协会或委托的组织负责审查申请人提交的材料，并将申请批准授予权限范围外等级称号人员的材料逐级提交。

第十七条　各级体育主管部门和经批准的协会按照批准授予权限，对申请材料进行审核，在收到申请材料3个月内做出批准授予的决定并予以公布。对未予批准的询问和申诉，应当予以答复。

第十八条

被批准授予或晋升技术等级称号的社会体育指导员，由批准的体育主管部门或经批准的协会颁发证书、证章。

社会体育指导员技术等级证书、证章由国家体育总局统一制作。

第五章 注册办理

第十九条

县级体育主管部门或委托的组织是社会体育指导员注册机构，免费办理社会体育指导员的登记注册、工作注册和迁移注册。

社会体育指导员注册通过国家体育总局社会体育指导员信息管理系统进行。

第二十条

注册机构应当为社会体育指导员建立档案，保证档案信息准确、完整和安全。

第二十一条

社会体育指导员应当自被批准授予或晋升技术等级称号之日起 30 日内，持社会体育指导员技术等级证书，到开展志愿服务所在地的社会体育指导员注册机构办理登记注册。

第二十二条

社会体育指导员在每年第四季度进行年度工作注册。

社会体育指导员开展志愿服务所在的基层文化体育组织、群众性体育组织或国家机关、企业事业单位和其他有关组织开具其志愿服务情况证明。

社会体育指导员在一个年度内超过半年未开展志愿服务或志愿服务少于 30 次，不予年度工作注册。未进行工作注册的，不得申请晋升社会体育指导员技术等级。

第二十三条

社会体育指导员离开原注册地开展志愿服务，应当办理迁出和迁入的迁移注册。

第六章 工作保障

第二十四条

各级体育主管部门应当在本级事业经费预算中列支社会体育指导员工作经费，在体育彩票公益金中安排一定比例的资金作为社会体育指导员工作经费，并随着体育工作经费的增长逐步加大对社会体育指导员工作经费的投入。

各级体育主管部门应当为有关组织开展社会体育指导员工作提供补助经费，并对农村、贫困地区和民族地区予以倾斜。

第二十五条

基层文化体育组织应当提供必要的社会体育指导员工作经费。

鼓励社会对社会体育指导员工作提供经费、捐赠和赞助。

第二十六条

各级体育主管部门应当明确基层文化体育组织、群众性体育组织和全民健身设施的管理单位配备社会体育指导员的数量和等级要求，组织社会体育指导员依托各级各类体育组织和设施开展志愿服务。

第二十七条

地方各级体育主管部门应当有组织地将社会体育指导员委派到基层组织或单位开展志愿服务，有条件的应当会同有关部门设立社会体育指导员公益岗位。

第二十八条

有条件的地方体育主管部门应当为社会体育指导员开展志愿服务办理保险。

鼓励社会为社会体育指导员开展志愿服务办理保险。

第二十九条

各级体育主管部门和委托的组织应当推进社会体育指导员工作的信息化，提高运用现代信息技术进行管理与服务的水平。

第三十条

有条件的大专院校应当开设有关社会体育指导员的课程，鼓励学生加入社会体育指导员队伍，组织学生开展志愿服务。

第七章　服务规范

第三十一条

社会体育指导员在基层文化体育组织、群众性体育组织或国家机关、企业事业单位和其他有关组织中开展志愿服务。

第三十二条

社会体育指导员应当坚持科学、文明、安全、诚信的原则，因人、因时、因地制宜，经常开展志愿服务，提高健身者的健身技能和身体素质，推动全民健身活动的开展。

第三十三条

社会体育指导员开展志愿服务时应当佩带证章、着装得体、语言文明、行为规范，爱护健身场地设施并保持环境卫生，自觉树立社会体育指导员的良好形象。

第三十四条

社会体育指导员应当与健身者保持和谐关系，与其他社会体育指导员互相尊重、相互配合。

第三十五条

社会体育指导员在开展志愿服务时应当加强安全管理，防范人身伤害事故的发生。

第八章　奖励处罚

第三十六条

各级体育主管部门应当定期开展评选表彰活动，对在社会体育指导员工作中做出突出贡献的组织和个人予以表彰、奖励。

第三十七条

建立社会体育指导员荣誉奖章制度。国家体育总局对连续开展志愿服务二十年、十五年和十年，为全民健身事业做出突出贡献的社会体育指导员，分别授予社会体育指导员金质奖章、银质奖章和铜质奖章。

第三十八条

地方各级体育主管部门和有关组织、单位违反本办法，未履行社会体育指导员工作职责的，由其上级部门或有关主管部门责令限期改正；拒不改正的，对负有责任的主管人员和其他直接责任人员依法给予处分。

第三十九条

体育主管部门和有关组织、单位的工作人员在社会体育指导员工作中，侵犯社会体育指导员合法权益，造成不良后果的，依法给予处分。

第四十条

违反国家财政、财务制度，截留、克扣、挪用和挤占社会体育指导员工作经费的，由其上级部门或有关主管部门责令改正，并对负有责任的主管人员和其他直接责任人员依法给予处分；构成犯罪的，依法追究刑事责任。

第四十一条

提供虚假材料获得社会体育指导员技术等级称号的人员，由批准授予的体育主管部门或经批准的协会撤销其社会体育指导员技术等级称号。

第四十二条

社会体育指导员在开展志愿服务时有宣扬封建迷信和其他不文明、不健康的行为，造成不良影响和后果的，由其开展志愿服务所在地的县级体育主管部门或有关组织、单位予以批评教育，责令改正；情节严重、影响恶劣的，撤销其社会体育指导员技术等级称号；构成犯罪的，依法追究刑事责任。

第九章 附 则

第四十三条

本办法自 2011 年 11 月 9 日起施行。原国家体委 1993 年 12 月 4 日发布的《社会体育指导员技术等级制度》同时废止。

附件：社会体育指导员技术等级标准

一、社会体育指导员的基本条件

（一）具有完全民事行为能力的中华人民共和国公民；

（二）具有志愿服务精神和良好道德素养，遵纪守法；

（三）热心全民健身事业，正在开展或准备开展经常性的全民健身志愿服务（以下简称志愿服务）；

（四）接受有关组织和单位的管理，承担指派的工作任务；

（五）参加社会体育指导员相应等级的培训，考核合格；

（六）所传授的体育项目有技能标准要求的，应当参加该体育项目的培训并达到标准。

二、社会体育指导员的等级条件

（一）三级社会体育指导员

1. 近一年内开展或协同开展 30 次以上志愿服务；

2. 了解体育健身和竞赛的基本知识，初步掌握一项体育健身技能的传授方法，能够承担一般性体育健身咨询和指导工作；

3. 了解全民健身工作的基本知识，初步掌握全民健身活动的组织管理方法，能够组织基层组织和单位开展全民健身活动。

（二）二级社会体育指导员

1. 获得三级社会体育指导员称号后累计（以工作注册为准）开展志愿服务 2 年以上；

2. 基本掌握体育健身和竞赛的理论与方法，能够承担一项体育健身技能的传授和指导工作；

3. 基本掌握全民健身活动组织管理的理论与方法，熟悉全民健身工作的特点，能够承担基层全民健身活动的计划、实施和总结工作；

4. 在社区（行政村）、单位开展志愿服务产生良好效果和影响；

5. 具有指导三级社会体育指导员的能力。

（三）一级社会体育指导员

1. 获得二级社会体育指导员称号后累计（以工作注册为准）开展志愿服务 3 年以上；

2. 掌握体育健身和竞赛的理论与方法，能够承担一项较高水平的体育健身技能传授和指导工作；

3. 掌握全民健身活动组织管理的理论与方法，具有较多的实践经验和较强的组织能力，能够指导基层体育组织的工作；

4. 在社区（行政村）、单位开展志愿服务产生突出的效果和影响或在县级以上区域开展的志愿服务产生良好的效果和影响；

5. 具有指导二级和三级社会体育指导员的能力。

（四）国家级社会体育指导员

1. 获得一级社会体育指导员称号后累计（以工作注册为准）开展志愿服务 4 年以上；

2. 较系统地掌握体育健身和竞赛的理论与方法，在一项体育健身技能传授和指导中具有较高的水平或对民族、民间传统体育健身项目具有特殊造诣；

3. 较系统地掌握全民健身活动组织管理的理论与方法，具有丰富的实践经验和突出的组织能力，能够承担较大规模全民健身活动的组织工作，能够撰写有关全民健身工作或调研报告；

4. 在县级以上区域开展志愿服务产生突出的效果和影响；在地（市）级以上区

域开展的志愿服务产生良好的效果和影响；

5. 具有指导一级、二级和三级社会体育指导员的能力。

三、社会体育指导员的特许条件

（一）社会体育指导员应当具备的等级条件，根据申请者的具体情况，可在体育健身技能传授指导或组织管理方面有所侧重。

（二）近5年取得高等体育专业学历的人员、在职体育教师、职业社会体育指导员、教练员和优秀运动员在申请授予社会体育指导员技术等级称号时，可以放宽培训考核与连续开展志愿服务年限的要求，直接批准授予二级以上社会体育指导员技术等级称号。

（三）做出突出贡献的社会体育指导员，在申请晋升等级称号时，可以适当放宽连续开展志愿服务年限的要求；贡献特别突出的可以破格或越级晋升。